FRANK BONKOWSKI

LOVE ATTACKS

52 starke Ideen, um Nächstenliebe
im Alltag zu leben

W0074520

Brendow.
VERLAG + MEDIEN

Bibliografische Information der Deutschen Nationalbibliothek
Die Deutsche Nationalbibliothek verzeichnet diese Publikation in der
Deutschen Nationalbibliografie; detaillierte bibliografische Daten
sind im Internet über http://dnb.d-nb.de abrufbar.

ISBN 978-3-86506-360-1
© 2011 by Joh. Brendow & Sohn Verlag GmbH, Moers
Einbandgestaltung: Brendow Verlag, Moers
Titelgrafik: fotolia
Satz: Satzstudio Winkens, Wegberg
Druck und Bindung: CPI – Clausen & Bosse, Leck
Printed in Germany

www.brendow-verlag.de

INHALT

LOVE ATTACKS –
LIEBESATTACKEN!

**Lasst uns aufeinander achten! Wir wollen uns
zu gegenseitiger Liebe ermutigen und einander
anspornen, Gutes zu tun.**
HEBRÄER 10,24

Das ist einer meiner absoluten Lieblingsverse: Passt aufeinander auf, und wenn ihr zusammen seid, dann spinnt ein bisschen rum, unterhaltet euch, wie ihr gemeinsam anderen Menschen etwas Gutes tun könnt! Spornt euch immer wieder zu kreativen Liebesattacken an, mit denen ihr eure Umwelt erfreuen könnt!

Das englische Wort für »anspornen« ist übrigens »spur«, das man unter anderem auch mit »Sporen« übersetzen kann – diese spitzen Dinger also, die der Cowboy hinten am Stiefel hat, um sein Pferd zu ärgern und es zu Höchstleistungen anzutreiben. In diesem Sinne kann man den Vers auch als eine Aufforderung verstehen, seine Freunde ein bisschen zu nerven, bis sie endlich den Hintern hochkriegen, um Gutes zu tun.

Wie das praktisch aussehen kann, wenn Leute diesen Vers tatsächlich ernst nehmen, bekommt unsere Familie immer wieder am eigenen Leib zu spüren. Gute Freunde von uns probieren diesen Vers tatsächlich ab und zu aus, und bei diesem Rumspinnen und Anspornen sind schon ein paar richtig coole Aktionen entstanden.

Liebesattacken sozusagen!

Und die sind ganz wichtig! Ich glaube, dass Jesus seine Botschaft nicht als theoretischen, theologischen Diskussionsstoff verstanden hat, damit wir am Ende alle das Richtige glauben, sondern vielmehr als revolutionäre Ideen, wie, ganz praktisch, mit Gottes Hilfe, eine neue Welt entstehen könnte.

Vor einiger Zeit hatten wir während eines Sommercamps unsere Camper aufgefordert, sich geheime Liebesattacken füreinander auszudenken. Es gab nur drei Regeln:

1. Spielt einem anderen Zimmer einen »guten Streich«!
2. Keiner darf jemals wissen, wer den »guten Streich« gespielt hat.
3. Das »attackierte« Zimmer muss innerhalb von 24 Stunden gemerkt haben, dass es »liebesattackiert« worden ist!

Und so geht die Geschichte weiter: Als am nächsten Tag kleine und große Camper hin und her flitzen, um sich gegenseitig die Zimmer aufzuräumen, Blumen und Schokolade und Liebesgedichte zu hinterlassen – der Fantasie waren keine Grenzen gesetzt –, kommt ein Zeitungsreporter ins Camp, um den Leiter zu interviewen. Er bemerkt die Liebesattacken und denkt, dass dieser Umgang miteinander hier normal ist. Am nächsten Tag erscheint ein langer Artikel, in dem der Reporter die Camper in den höchsten Tönen lobt und träumt: »Wie würde unser Land aussehen, wenn alle mitmachen würden beim Liebesattackieren? Ist eine neue Welt vielleicht doch möglich?«

Genau das war die inspirierende Botschaft von Jesus Christus!

Auf den nächsten Seiten findet ihr deshalb ein paar Ideen, wie das ganz einfach und ganz praktisch aussehen könnte.

ATTACKE # 1:

KEIN SEX IM WHIRLPOOL!

Die Idee:

Während einer richtig stressigen Zeit bei uns zu Hause kam eines Abends ein Anruf: »Habt ihr morgen Abend schon was vor?« Hatten wir nicht, zum Glück. »Dann nehmt euch auch nichts vor! Wir kommen rüber. Essen machen oder Aufräumen ist nicht nötig!« Nach und nach wurde uns der Plan klar.

Es folgte Attacke Schritt Nummer 1:
Die Familienparty, zu der wir nicht eingeladen waren.

Russ, Julie und ihre vier Kinder kamen zu uns nach Hause, brachten Pizza und eine DVD mit, kümmerten sich um unsere drei kleinen Kinder und schickten uns zu unseren anderen Freunden, Dave und Sue. Der Auftrag lautete: Wir sollten Badesachen mitnehmen und uns ruhig Zeit lassen. Julie wollte unsere Kinder ins Bett bringen und warten, bis wir irgendwann spät wieder eintrudeln würden.

Dann Attacke Schritt Nummer 2:
Die Party, zu der nur wir eingeladen waren.

Als wir, mit Badeanzug und -hose bewaffnet, bei den anderen Freunden ankamen, die nebenbei auch noch einen Swimmingpool und einen Whirlpool besaßen, hatten die beiden ihre eigenen Kinder bei Babysittern abgegeben, und auf dem Tisch standen ein vorbereitetes Fondue, ein leckerer Nachtisch und zwei verschiedene Flaschen guter Wein.

Und letztendlich Attacke Schritt Nummer 3:
Der Whirlpool!

Nachdem Dave und Sue uns alles erklärt hatten, gingen sie selbst zu einem Picknick und wünschten uns viel Spaß. Sie hatten schon Handtücher hinterlegt und versprachen uns zwinkernd, laut zu hupen, wenn sie gegen 23 Uhr wieder zurückkommen würden. Nur an eine Regel sollten wir uns halten: »Kein Sex im Whirlpool!«

Warnung:

Das Witzige an den Liebesattacken ist, dass sie wirklich gefährlich sein können. Als ich an diesem Abend äußerst leicht bekleidet zu meiner Frau in den Whirlpool sprang, bemerkten wir auf einmal, dass sich direkt hinter uns, ganz ungeplant, ein Gärtner an irgendetwas im Garten zu schaffen machte. Eigentlich kein Problem – nur sieht mein Freund Dave von hinten ähnlich aus wie ich, aber seine Frau Sue hat garantiert keine roten Haare. Was sich der Gärtner gedacht hat, wird hoffentlich für immer ein Geheimnis bleiben!

Aber es war einer der coolsten Abende, an die ich mich erinnern kann. Was wären wir ohne solche Freunde? Das Beste war, dass alle eine Menge Spaß hatten. Sich umeinander zu kümmern und die Welt zu verbessern ist oft anstrengend und

manchmal traurig, aber es belebt und verändert vor allen Dingen auch den »Liebesattackierer«. Von genau so einer Welt, mit solchen Freundschaften, hat Jesus geträumt und gesagt, dass sie möglich ist!

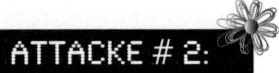

ATTACKE # 2:

SCHREIBE AN ODER ÜBER JEMANDEN, DER DICH INSPIRIERT

Die Idee:

Ich finde kaum etwas inspirierender, als auf Menschen zu treffen, die ihre Arbeit so richtig fröhlich und gerne ausüben.

Charly ist so ein inspirierender Mensch. Vor ein paar Jahren musste ich eines Morgens – für mich viel zu früh – auf dem Flugplatz sein, um von Vancouver nach Calgary zu fliegen. Und dabei bin ich ein richtiger Morgenmuffel, der vor neun Uhr morgens und ohne genügend Espresso im Blut eigentlich nicht zu genießen ist! An besagtem Morgen (also eigentlich: nachts ...) torkelte ich deshalb irgendwie aus meinem Auto, um mich von einem Shuttlebus zum Check-in befördern zu lassen.

Und dann kam Charly, der Busfahrer. Innerhalb von 15 Minuten schaffte er es, durch seine Fröhlichkeit, Hilfsbereitschaft und seinen Enthusiasmus aus zwölf griesgrämigen, verschlafenen Passagieren eine Gruppe von Reisenden zu formen, die gut gelaunt, lachend, miteinander erzählend und vor sich hin summend auf ihre Schalter zugingen.

Der tätowierte, muskulöse Busfahrer hatte gar nicht so viel gemacht: Er hatte uns einfach fröhlich gedient! Er war einer der

wenigen Leute, die ich kenne, die ihren Job absolut gerne und mit Leidenschaft machen. Total inspirierend eben.

Ich habe die Geschichte von Charly schon vielen Leuten erzählt, nur ihm selber nie … Oder seinen Vorgesetzten!

Die Attacke:

Verteile doch heute einfach mal ein paar Lobesworte, wo sie angebracht sind. Du kannst auch eine Karte oder eine E-Mail schreiben, in der du einem Vorgesetzten eines Unternehmens mitteilst, dass dich einer ihrer Mitarbeiter sehr inspiriert hat und dir seine Arbeit sehr gefallen hat. Falls es unter den Umständen angemessen ist, kannst du ja vielleicht sogar irgendwo das schöne Wort »Gehaltserhöhung« unauffällig einbauen.

ATTACKE # 3:

BABYSITTING-SERVICE FÜR ALLEINERZIEHENDE

Die Idee:

Vor ein paar Monaten hat mich meine Frau mit unseren drei Kindern sitzen gelassen und ist zurück zu ihrer Mama gezogen. Zum Glück nur für zwei Wochen.

Obwohl wir nach ein paar Tagen eine ganz gute Routine entwickelt hatten, kann ich nur sagen, dass ich durch diese Erfahrung einen beachtlichen Respekt für jede alleinerziehende Mama und jeden alleinerziehenden Papa gewonnen habe. Kinder zu haben ist das Schönste auf der Welt, aber eben auch sauschwer und anstrengend. Ich mag mir gar nicht ausmalen, wie das wäre, das immer alles alleine hinkriegen zu müssen!

An einem besonders schweren Tag in dieser Zeit ist dann der Himmel in Form einer Familie aus unserer Gemeinde auf die Erde geknallt. (Ich muss wohl ziemlich gestresst ausgesehen haben.) Auf jeden Fall haben unsere Freunde uns für den nächsten Tag zum Frühstück eingeladen, und zwar mit der Abmachung, dass ich irgendwann verschwinde und meine Kinder erst nach dem Abendbrot wieder abhole. Das Resultat waren drei fröhliche Kinder, die den ganzen Tag mit neuen Freunden und Spielsachen gemalt, gespielt und gefeiert hatten, und ein ziemlich entspannter »kurzzeitig-allein-erziehender Daddy«.

Die Attacke:

Denkt euch ein System aus, wie ihr euch als Gruppe so organisiert, dass ihr gestressten Eltern – besonders denen, die die Erziehungsarbeit ganz alleine machen müssen – ab und zu mal einen freien Tag oder Abend ermöglichen könnt.

ATTACKE # 4:

»OPERATION FATTY« ODER: SCHMEISST EINE PARTY, UM JEMANDEN ZU EHREN!

Die Idee:

Vor einigen Jahren konnte ein Mädchen aus unserer Klein-gruppe längere Zeit nicht mehr zu unseren Treffen kommen. Also haben wir uns dazu entschieden, sie einfach mal ge-meinsam »abzuholen«. Damit war »Operation Fatty« geboren. Übrigens: Wir nannten die junge Dame »Fatty«, weil sie un-glaublich schlank war!

Unser Plan sollte folgendermaßen umgesetzt werden:

1. Wir schmeißen eine Party zu Ehren von Fatty.
2. Ich hatte damals einen alten, grünen Lieferwagen, in dem wir langsam und ohne das Licht anzumachen vor ihr Haus rollten.
3. Ein Freund sollte, wie verabredet, Fatty an der Tür abholen, angeblich um mit ihr zusammen ins Einkaufszentrum zu ge-hen. Das Ganze war übrigens mit den Eltern abgesprochen.
4. Auf mein Kommando hin setzte sich die Gruppe Halloween-Masken auf, sprang mit einer Decke bewaffnet aus dem Kleinbus, schmiss die Decke über Fatty, und wir trugen un-seren Preis lachend in den Laderaum meines grünen Liefer-

wagens. Unser Gelächter war übrigens beabsichtigt, weil wir nicht riskieren wollten, dass Fatty einen Herzinfarkt oder plötzlichen Schocktod erleiden würde!

5. Während ich aufs Gaspedal drückte, banden wir ihr hinten für einen guten Effekt auch noch die Beine mit Gaffer-Tape zusammen.

6. Zu Hause angekommen, befreiten wir sie dann (und wurden von ihr verhauen). Jeder hatte etwas zu Essen mitgebracht, und wir guckten zusammen eine DVD über einen dicken Professor, was irgendwie zum Thema »Operation Fatty« passte.

Warnung:

Ungeplant war, dass wir auf dem Weg nach Hause in eine Polizeikontrolle gerieten, dass ich vergessen hatte, meine Freddy-Krüger-Maske abzusetzen, und dass das in die Decke eingerollte, gekidnappte Mädchen schwer zu erklären war. Zum Glück kannte mich einer der Polizisten, der mich aber trotzdem lange zappeln ließ: »Ja klar, du bist Jugendpastor und ihr macht gerade nur eine lustige Aktion! Solche Ausreden hören wir jeden Tag!«

Die Attacke:

Wen kennt ihr, für den es angebracht wäre, einmal eine richtig gute Party zu feiern? Vielleicht jemand, der schon länger nicht mehr zum Hauskreis oder Jugendkreis gekommen ist? Oder jemand, der sonst immer ein bisschen am Rand steht? Oder vielleicht auch jemand, der nach einer schweren Zeit mal eine ordentliche Dosis Aufmunterung und Freude gebrauchen könnte? Setzt euch einfach als Gruppe öfter mal zusammen, um für jemanden eine möglichst kreative Feier zu planen!

ATTACKE # 5:

POSITIV BLEIBEN

Die Idee:

Eine negative Stimmung ist unheimlich ansteckend!

Vor ein paar Monaten habe ich beim Sport meine Zeiten geändert. Ich hätte eigentlich gerne weiter morgens trainiert, aber genau meine Zeiten waren auch bei einer Gruppe älterer Leute beliebt, die immer regelmäßig da waren und zwischen Geräten und Gewichten genauso regelmäßig Zeit fanden, über Leute zu lästern, die es heute mal nicht zum Training geschafft hatten. Was wahrscheinlich die vorbildliche Pünktlichkeit erklärt. Die müssen geahnt haben, dass »versäumter Sport« gleichbedeutend mit »Hauptrolle in den Geschichten der Mitsportler« sein würde.

Ich war selber nie Teil dieser Gespräche und hatte auch nicht das Gefühl, eine Beziehung aufgebaut zu haben, die mir das Recht gegeben hätte, da irgendwie einzugreifen. Ehrlich gesagt hatte ich auch gar keine Lust, mich einzumischen oder Freundschaften zu schließen. Ich gehe dahin, um Muskeln zu kriegen, nicht Freunde! Aber obwohl ich beim Training immer einen MP3-Player auf den Ohren hatte, fühlte ich mich jedes Mal ein bisschen schmutzig, wenn ich nach Hause ging. Ganz kann man seine Umwelt eben doch nicht ausschalten. Hätte ich jetzt doch etwas sagen sollen?

Von außen betrachtet sieht es ja immer doof aus, wenn Menschen negativ eingestellt sind oder sich unnötig aufregen. Und dann fahr ich doch neulich mit meinem Mountainbike auf einem Fahrradweg in unserer kleinen Stadt, und eine Frau im Auto übersieht mich und fährt mich fast um.

Erschreckt hat mich meine spontane Reaktion! Ohne nachzudenken, schüttle ich voller Verachtung den Kopf und gucke die Frau vorwurfsvoll an. Warum? Ganz einfach! Machtgehabe. Irgendetwas in mir musste der Frau zeigen, wie doof sie war, dass sie die schlimmste Autofahrerin der Welt war und dass ich eben alles besser konnte als sie. Soweit zu meiner dunklen Seite!

Aber dann hab ich mich gefangen und mich über mich selbst kaputtgelacht. Ich weiß gar nicht genau, warum. Vielleicht ist mir in dem Moment eingefallen, wie blöde ich so ein Verhalten finde, und jetzt war ich selbst so ein »spießiger Idiot«, über den ich manchmal Witze reiße, der ich nie sein wollte … Jetzt war ich eine kopfschüttelnde, sich selber so wichtig nehmende Witzfigur!

Jedenfalls musste ich über mich selber lachen, und das Gute war, dass sich dann auch die Schreckensstarre der Frau, die eben noch vor meiner beeindruckenden Machtdemonstration gekauert hatte, löste und wir zusammen lachen konnten. Irgendwie haben unsere Seelen miteinander kommuniziert, und wir haben wohl beide den Tag viel entspannter weitergelebt.

Jedes Jahr zu Ostern feiern Christen, dass Jesu Auferstehung von dem, was die Mächtigen seiner Zeit ihm angetan hatten, der Beweis dafür ist, dass Liebe über Machtdemonstrationen siegt. Dass Liebe immer eine bessere Reaktion ist, als mein Gegenüber kleinzumachen. Das kann ich nicht immer glauben, aber wenigstens in diesem Moment hatte ich das erleben dürfen.

In dem Sinne, wie wäre es, wenn eine Gruppe von uns sich vornehmen würde, an einem Tag oder an einem bestimmten Ort nur positiv über andere Menschen zu reden und gute Stimmung zu verbreiten? Nicht auf die vorgeheuchelte Art, wie eine amerikanische Bedienung auf der Suche nach Trinkgeld: »Sie sind der klügste und attraktivste Gast, den wir je in diesem Restaurant bedienen durften!« Obwohl selbst das manchmal besser ist als die Dinge, die wir uns »ehrlich« an den Kopf werfen.

Die Idee ist, positive Dinge zu finden und zu feiern, über das zu reden, was gut ist, rechtschaffen, tugendhaft, lobenswert … (Philipper 4,8). Würden Menschen, die uns begegnen, dann auch irgendwie anders weggehen, positiver, schöner, fröhlicher?

Die Attacke:

Verabredet euch dazu, am einem bestimmten Tag, dort, wo ihr seid, nur positiv zu reden, gute Stimmung zu verbreiten, mehr zu lächeln. Trefft euch am besten hinterher noch einmal, um zu besprechen, ob sich dabei in euch irgendetwas verändert hat! Das hört sich einfach an, ist eventuell aber eine der schwereren Liebesattacken!

ATTACKE # 6:

DRECK WEG!

Die Idee:

Letzte Woche hatte ich ein auf den ersten Blick unscheinbares, aber dennoch tief spirituelles Erlebnis.

Ich sitze auf meinem Fahrrad, programmiere meinen MP3-Player für meine morgendliche Fitnesstour um den See, und als ich gerade wieder losrollen will, merke ich, dass mir ein leicht verrotztes Taschentuch aus der Jacke gefallen ist.

Wirklich kein weltbewegender Moment, nur sagt mir in diesem Augenblick eine ziemlich klare Stimme in meinem Kopf: »Was für ein Mensch möchtest du sein? Einer, der diese Welt mal besser und zum Beispiel sauberer, oder einer, der sie schlechter und dreckiger hinterlässt?«

Die Attacke:

Räum wenigstens deinen eigenen Dreck weg! Oder sogar mal den, den du gar nicht verursacht hast. Wäre doch was Schönes, eine sauberere Welt!

ATTACKEN # 7, # 8 UND # 9:

GUTE NACHRICHTEN!

Die Idee:

Wenn wir ehrlich sind, hören wir schlechte Nachrichten eigentlich lieber als gute. Es ist unglaublich, wie viel Unsinn geradezu gefeiert wird. Die kleinen, unauffälligen Taten, die das Leben lebenswert machen, gehen oft unter und können demnach auch nicht nachgeahmt werden.

Während unserer Kinder-Camps in Kanada haben wir immer wieder so kreativ wie möglich versucht, unseren Campern beizubringen, wie anders, ja fast gegensätzlich sich Jesus Gottes »neue Welt« vorgestellt hat. Dazu gehörte auch, gute Taten zu feiern und die Täter zu ehren. Hier sind ein paar Ideen:

Die Attacke # 7:
Die Camp-Zeitung

Ungefähr drei Mal pro Woche erschien bei uns eine Camp-Zeitung, die Bilder vom Vortag und wissenswerte Informationen enthielt, wie etwa die Gewinner der Spiele des Vortages, Eishockeyresultate der Vancouver Canucks, eine Vorschau auf kommende Spiele, das Menü für das Abendessen, Kurzvorstellungen von Camp-Teilnehmern und natürlich die »Good News«-Spalte, in der gute Taten gefeiert wurden.

Da konnte man z. B. lesen: Kim hat geteilt. Lukas wäre normalerweise ausgerastet, ist aber cool geblieben. Erika ist heimlich beim unaufgeforderten Saubermachen gesichtet worden. Yvonne hat durch ihren Humor den Abend bereichert. Kurts Einstellung und zusätzliche Arbeit hat unser Spiel gerettet usw.

Die Attacke # 8:
And the Winner is …

Wir alle wünschen uns, gefeiert zu werden! Aber oft sind es nur die Gewinner, die auf die Bühne kommen und Blumen, Applaus etc. von ihren Fans entgegennehmen.

Während unseres Camps mit dem Thema »Superhelden – Gottes neue Welt« trug eine unserer Lehrerinnen, Ellen, die ganze Zeit Superhelden-T-Shirts. Irgendwann fing sie damit an, zu Beginn ihrer »Story Time«, ihrer Geschichten-Erzählzeit, jemanden auf die Bühne zu holen, bei dem sie eine gute Tat, eine gute Einstellung, etwas Heldenhaftes beobachtet hatte. Jemand also, der in einem anderen Sinne ein Gewinner war. Die Person wurde dann extra gefeiert und bekam unter tobendem Applaus ein Spiderman-, Batman- oder Superman-T-Shirt überreicht.

Die Attacke # 9:
Positive Nachrede

Jeder von uns weiß, wie die Atmosphäre kippen kann, wenn einem irgendein negativer Mensch unbedingt »Geheimnisse« mitteilen möchte, über die man sich niemals zu sprechen

trauen würde, wenn die Person, über die geredet wird, gerade im Raum wäre. Wenn du noch ein einigermaßen intaktes Gewissen hast, dann fühlst du dich, wenn du lange genug in so einer Atmosphäre gewesen bist, richtig schmutzig.

Wie wäre es, wenn wir diese Atmosphäre um 180° drehen könnten und selber einfach nur noch positive, heldenhafte Geschichten erzählen würden – zum Beispiel darüber, dass wir jemanden dabei erwischt haben, wie liebevoll er mit seinen Kindern umgegangen ist, wie treu er seine Arbeit macht oder wie er uns zum Vorbild geworden ist.

In den Camps haben wir gelernt, wie gut es sein kann, wenn man Leuten immer wieder Gelegenheit dazu gibt, Geschichten über das zu erzählen, was ihnen am vergangenen Tag Gutes aufgefallen ist.

Wenn ich gerade kein Camp zur Verfügung habe, kann ich natürlich selber anfangen ...

• die Augen aufzumachen für heldenhafte, »Neue Welt-Taten«, die um mich herum passieren,
• diese Taten gebührend weiterzuerzählen,
• immer wieder andere zu fragen, ob sie Geschichten von Situationen erzählen können, in denen ihnen ein Held geholfen hat.

Es wäre jedenfalls einfach schön, wenn wir immer wieder und immer öfter über Positives sprechen würden. Vielleicht wird es uns dann ja sogar nachgemacht!

ATTACKE # 10:

KLINGELING UND WEG ...

Die Idee:

Jedes kleine und große Kind spielt gerne Klingelstreiche. Die Idee ist ganz einfach: klingeln – weglaufen – verstecken – sich im Versteck kaputtlachen, wenn der »Beklingelte« verdutzt nach dem klingelnden Übeltäter sucht.

Weil das Ganze so viel Spaß macht, wir aber gleichzeitig als Jugendgruppe nicht nur nerven, sondern die Welt verbessern wollten, machten wir es uns zur Tradition, genau dieses kleine Spielchen zu Beginn eines jeden Schuljahres mit einer Riesen-Backaktion zu verbinden.

Nach ein paar Gedanken zu dem Thema, dass wir die Chance haben, diese Welt positiv zu verändern, haben wir wie verrückt »Apple Pies«, also Apfelkuchen, gebacken, die wir dann zu vorher ausgewählten Adressen gefahren und heimlich abgegeben haben.

Das Beste an der Aktion waren häufig die Geschichten danach: von angreifenden Hunden bis hin zu dem Wutausbruch eines »Opfers«, dessen Laune sich schlagartig änderte, als er den Kuchen und die Karte fand ...

Die Attacke:
Aktion Apfelkuchen

- Backt für jedes eurer »Opfer« einen Kuchen.
- Redet während der Backzeit über den Sinn der Aktion.
- Schreibt ein paar Karten für die »Opfer«.
- Nehmt die Kuchen aus dem Ofen, verpackt sie so ansprechend wie möglich, fahrt zu den Häusern der »Opfer«, hinterlegt euer Geschenk, klingelt – und dann lauft, so schnell ihr könnt!
- Trefft euch später alle zusammen zum Geschichtenerzählen.

Die letzte Mahlzeit

Vor ein paar Jahren bekam ich nach so einer Aktion eine sehr bewegende Dankeskarte zugeschickt. Wir hatten einen unserer »Apple Pies« zu einem älteren Ehepaar gebracht, von dem wir wussten, dass der Mann schwer krank war. Der Text begann folgendermaßen:

Lieber Frank!
Ich wollte dir und deiner Gruppe für den leckeren Pie danken. Es war das Letzte*, was mein Mann aß, bevor er starb …*

Für einen kurzen Moment dachte ich, wir hätten den guten Mann vergiftet. Dem war aber zum Glück nicht so, und beim Weiterlesen stellte sich heraus, dass die Frau wirklich dankbar war, weil ihr Mann, der wegen seiner Krankheit kaum noch etwas zu sich nehmen

konnte, sich so über die Abwechslung gefreut hatte,
dass er unseren Kuchen tatsächlich noch probiert hatte.
Die Beziehung zwischen unseren Jugendlichen und
seiner Witwe hat danach eine ganz besondere Qualität
gehabt.

Kleiner Tipp:

Obwohl wir viele Aktionen heimlich durchführen, würde ich in
diesem Fall vorschlagen, den »Beschenkten« wenigstens eine
Ahnung davon zu geben, wer der Absender ist. Ich bin mir
nicht sicher, ob das Vertrauen in unsere Welt stark genug ist,
dass ohne diese Information jeder Empfänger den Kuchen
auch tatsächlich essen würde.

ATTACKE # 11:

DIE ABGELAUFENE PARKUHR IST DOCH NICHT ABGELAUFEN

Die Idee:

Wenig nervt mehr, als sich 10 Minuten zu verspäten und – entgegen aller Hoffnung – den Schein von der lieben Politesse unter dem Scheibenwischer zu entdecken. Du kannst die Welt verbessern, indem du einer Person dieses miese Gefühl ersparst.

Die Attacke:

Wenn du siehst, dass eine Parkuhr oder ein Parkschein gerade abgelaufen ist, dann schmeiß ein paar Groschen nach oder löse einen neuen Schein, auch wenn das Auto nicht dir gehört.

ATTACKE # 12: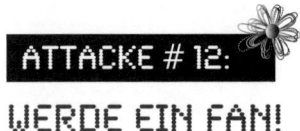

WERDE EIN FAN!

Die Idee:

Wir alle brauchen Leute, von denen wir wissen, dass wir ihnen wichtig sind.

Als ich noch Jugendpastor war, habe ich mich zuerst ständig geärgert, wenn Jugendliche unsere Programme verpassten, weil sie irgendwo eine Sport-, Tanz-, Musik- oder Theateraufführung hatten. Irgendwann kam dann aber von jemandem der Geistesblitz, doch einfach dahin zu gehen, wo die Jugendlichen waren, nach dem Motto: »Wenn sie nicht zur Jugendgruppe kommen, kommt die Jugendgruppe zu ihnen!«

Es war schön zu sehen, wie sich meine Beziehung zu meinen »liebesattackierten« Jugendlichen durch diese Besuche positiv veränderte. Irgendwann sind wir dann auch auf den Trichter gekommen, in größeren Gruppen bei den Events vorbeizuschauen.

Die Attacke:

Zeigt einem Freund oder einer Freundin, dass er oder sie euch wichtig ist, und sitzt mit eurer Gruppe bei seinem bzw. ihrem nächsten Fußballspiel, der Ballettaufführung, dem Theater-

stück usw. im Publikum. Macht so viel Stimmung, wie es angebracht und eurer Einschätzung nach erwünscht ist.

Warnung:

Nicht jeder schüchterne Zeitgenosse wird sich geliebt fühlen, wenn sich auf einmal 50 »Freunde« zum Affen machen, Plakate mit seinem Namen hochhalten und 90 Minuten lang seinen Namen rufen. Andere wiederum stehen auf so was! Du weißt schon, was ich damit sagen will.

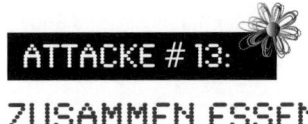

ATTACKE # 13:

ZUSAMMEN ESSEN

Die Idee:

Ich habe vor ein paar Jahren, als ich zum ersten Mal Vater wurde, in einer Statistik gelesen, dass die Chancen, dass deine Kinder später Drogen nehmen, um das 100-fache sinken, wenn du nur einmal die Woche als Familie zusammen isst. Außerdem ist nachgewiesen, dass Familien, die zusammen essen, deutlich besser mit Stress und Angst umgehen können.

Wer schon mal die vier Biografien von Jesus im Neuen Testament gelesen hat, weiß, dass fast alle guten, lebensverändernden Dinge während einer langen, ausgiebigen Mahlzeit passiert sind.

Mein Freund John macht seit Jahren jeden Freitagabend Pizza, und jeder ist eingeladen, mal bei ihm vorbeizuschauen. Wir alle haben uns jede Woche auf den Freitagabend gefreut, nicht nur wegen Feierabend und Wochenende! Als wir umzogen, beschlossen wir als Familie, Johns Tradition fortzuführen: Pizza and Movie Night. Es passiert kaum, dass sich einer von uns fünf an diesem Abend etwas anderes vornimmt.

Die Attacke:

Organisiert es, dass Leute so oft wie möglich zusammen essen können. Eigentlich sollte fast nie einer alleine essen müssen!

Rezept für 4 Pizzen:

TEIG

2 Päckchen Hefe
Ein Becher warmes Wasser (oder Bier)
Ein halber Becher Olivenöl
Eine Prise Salz
500 Gramm Mehl

BELAG

Tomatensoße
Gewürze (z. B. Oregano, Petersilie, Basilikum)
Pizzabelag (Was immer man rumliegen hat: Schinken, Salami, Peperoni, Bananen, Ananas, Gemüse)
Geriebener Käse

Hefe mit warmem Wasser oder Bier eine Minute gehen lassen. Öl, Salz und Mehl dazutun und kräftig durchkneten. Mindestens eine Stunde abgedeckt gehen lassen. Teig ausrollen, Tomatensoße und Gewürze darauf verteilen. Mit Schinken (oder was immer ihr habt) belegen, mit Käse überhäufen und bei 220°, je nach Ofen, ungefähr 20 Minuten backen lassen.

ATTACKE # 14:

SAG WAS NETTES (IN MÖGLICHST VIELEN SPRACHEN)

Die Idee:

Wenn man im Ausland lebt, ist es immer schön, ab und zu mal etwas Nettes in seiner eigenen Sprache zu hören. Du lebst in einem Multikulti-Land, und deine Aufgabe ist es, ein freundlicher Gastgeber zu sein.

Mein Freund Leo zum Beispiel kommt aus der Ukraine, und es ist total spannend, von ihm zu hören und zu lernen, was für Bräuche in seinem Land üblich sind. Unter anderem hat er mir beigebracht, was »Guten Morgen« auf Russisch heißt. Wenn ich es auch noch schreiben könnte, würde es jetzt hier stehen …

Aber eine Sitte hat er mir beigebracht, ohne die wir selten auseinandergehen. Weil Leos Deutsch ab und an noch hakt, sprechen wir meistens Englisch miteinander. Und wenn einer von uns nach Hause muss, dann ruft der Gastgeber: »One for the horses!« (Zu Deutsch: »Einen für die Pferde«). Du kannst ja mal raten, was für eine ukrainische Sitte wir dann pflegen! Auf jeden Fall wird nach dem Satz immer eine Flasche rausgeholt, und die Verabschiedung dauert meistens noch ein paar Minuten.

Die Attacke:

Setzt euch zusammen und lernt ein paar nette Phrasen in den Sprachen von Leuten aus eurem Umfeld. Zum Beispiel: »Guten Tag«, »Kann ich helfen?«, »Danke« oder »Möchtest du eine Tasse Kaffee?« Dann benutzt die Sätze, um mit euren Nachbarn Kontakt aufzunehmen.

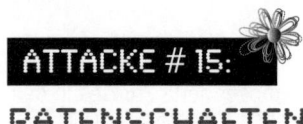

ATTACKE # 15:

PATENSCHAFTEN

Die Idee:

Ein Euro pro Tag kann in den meisten Ländern dieser Welt ein Kind mit Nahrung, Schule, Ausbildung, Medizin und allem Lebensnotwendigen versorgen. Gute Organisationen sorgen dafür, dass nicht nur ein Leben gerettet wird, sondern dass Kinder an einen Punkt gebracht werden, wo sie selber zu Lebensrettern werden.

Die Attacke:

Tut euch als Gruppe zusammen, um ein Kind aus einem Entwicklungsland zu sponsern. Meistens braucht man jemanden, der für das »Geldeintreiben« verantwortlich und dazu noch gut und ausdauernd ist, weil der anfängliche Enthusiasmus doch oft schnell verfliegt. Außerdem braucht man noch jemanden, der sich um die Kommunikation – also Briefe, Bilder, den ganzen Informationsaustausch – kümmert. Gute Organisationen, die man anschreiben könnte, wären z. B. World Vision, Compassion International oder das Kinderhilfswerk Global Care.

ATTACKE # 16:

HIT AND RUN

Die Idee:

Das »Hit and Run«-Bild ist eigentlich ein ganz negatives. Ich bin in amerikanischen Großstädten schon in Gegenden gewesen, wo jedes Fenster barrikadiert war, weil es sich jemand – scheinbar ohne Grund – zum Hobby gemacht hatte, heimlich vor ein Gebäude zu fahren, wild zu schießen und dann einfach abzuhauen. Das Haus und besonders die Menschen, die in diesem Haus leben, sind nach so einem Angriff nie wieder dieselben.

Die Attacke:

Besucht heimlich ein paar Häuser und tut ihnen etwas Gutes – z.B. den Bürgersteig fegen, Unkraut rupfen, Blätter zusammenrechen, den Rasen mähen, Schnee schippen etc. Und wenn ihr fertig seid, dann haut unauffällig ab!

Warnung:

Einige Leute – nicht nur die Älteren – haben Angst vor solchen Aktionen und sollten vorher vom Leiter gewarnt werden, dass in den nächsten Tagen eine Aktion stattfinden wird. Um die Spannung zu erhalten, muss man der Gruppe ja nicht unbedingt von der Vorwarnung berichten.

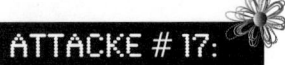

ATTACKE # 17:

MIT 10 EURO DIE STADT VERÄNDERN

Die Idee:

Dies ist eine Aktion, die deiner Gruppe helfen soll, sozial denken zu lernen. Es werden kleine Gruppen gebildet, die jeweils einen 10-Euro-Schein in die Hand bekommen. Sie haben jetzt 90 Minuten Zeit, um das Geld so effektiv wie möglich für andere auszugeben.

Die Attacke:

- Gruppen von 3 bis 4 Teilnehmern werden gebildet und in einem Stadtteil ausgesetzt.
- Jede Gruppe bekommt 10 Euro in die Hand gedrückt.
- Das Geld muss sinnvoll für andere ausgegeben werden, darf aber nicht einfach verschenkt werden.
- Eine bestimmte Zeit (z. B. zwei Stunden) und ein Treffpunkt werden festgelegt.
- Rechnet mit mindestens einer Stunde Zeit für einen Austausch von Geschichten, die während dieser Aktion passiert sind!

Je nach Alter der Teilnehmer und Stadtteil könnte es angebracht sein, in jeder Gruppe einen Erwachsenen dabeizuhaben. Die Gruppen, mit denen wir diese Aktion gemacht haben, sind sehr unterschiedlich und kreativ mit dem Projekt umgegangen. Einige Beispiele: Blumen verschenken, mit jemandem Essen gehen, Kaffee oder Kakao an Prostituierte verteilen …

ATTACKE # 18:

DIE UNTERBRECHUNG ...
ZU EHREN VON

Die Idee:

»Papa, hast du das eben gesehen?« Mein Sohn schießt unglaublich gerne Tore beim Fußball, aber so richtig gut sind die nur, wenn wir Eltern oder einer seiner besten Freunde als Zuschauer dabei waren, um das Ganze hautnah zu erleben. Jeder Mensch ist so ... Jeder von uns sehnt sich danach, von anderen beachtet und gefeiert zu werden! Wähle jemanden in deiner Gruppe aus, von dem du weißt, dass es ihm guttun würde, sich einmal vor allen herausgehoben zu fühlen.

Die Attacke:

Führ vor deinem Event ein paar Interviews mit Leuten aus deiner Gruppe, die dir ein paar gute Dinge erzählen sollen, die ihnen zu dem bald »Attackierten« einfallen. Unterbreche dein Event, um der attackierten Person Beachtung zu schenken. Spiel ein Lied für sie, überreiche ihr Blumen oder vielleicht auch ein kleines Geschenk oder Schokolade. Wenn möglich, setz die attackierte Person für den Rest des Abends in einen besonderen Sessel und lies ihr ein paar positive Feedbacks über sie vor! Nach ein paar Minuten kannst du dein Programm dann wie geplant fortsetzen.

ATTACKE # 19:

LASS JEMANDEN SITZEN

Die Idee:

Als jemand, der in etlichen Kirchen und Gemeinden für Musik und Programme zuständig war, habe ich diesen Satz öfter gehört, als mir lieb ist: »Das kann man aus Rücksicht auf die Alten nicht machen!«

Der Satz hat genervt, weil er oft nur ein Vorwand war, weil jemand selber nicht zugeben wollte, dass ihm ein gewisser Stil nicht gefiel. Ganz zu schweigen davon, dass die meisten älteren Menschen mehr Toleranz und Geschmack haben, als man ihnen gemeinhin so zubilligt.

Die Idee dieser Liebesattacke ist es, unseren älteren Mitbürgern da Rücksicht entgegenzubringen, wo es wirklich von Vorteil ist.

Die Attacke:

Biete einem älteren Mitbürger deinen Platz an, im Bus, im Wartezimmer, in der Bahn usw.

ATTACKE # 20:

»SEI DIE VERÄNDERUNG, DIE DU DIR FÜR DIESE WELT WÜNSCHST!« (MAHATMA GANDHI)

Die Idee:

Vor ein paar Monaten habe ich mich mit einer bösen Schaffnerin angelegt. Es war vielleicht nicht der stolzeste Moment meines Lebens, aber es musste einfach mal passieren. Für jeden bösen Bahnmitarbeiter gibt es bestimmt hundert gute, aber ich hatte einen bösen erwischt – oder eher sie mich. Und zu meiner Verteidigung, ich musste um 4 UHR MORGENS aufstehen, und da bin ich noch nicht bester Laune. Jedenfalls wollte die gute Dame mir einen unberechtigten Aufschlag aufs Auge drücken, obwohl ich allen Anweisungen genau gefolgt war, und ich weigerte mich, selbst als sie mir mit einem Bußgeld drohte.

Als ich dann unbußfertig allein gelassen war, kamen etliche Reisegenossen auf mich zu und beglückwünschten mich dazu, dass endlich mal jemand dieser Schaffnerin die Stirn geboten hatte. Auf meine Frage, wo diese Leute fünf Minuten vorher gewesen waren, als ich ihre Unterstützung richtig hätte brauchen können, bekam ich leider keine Antwort.

Die Attacke:

1. Setzt euch als Gruppe zusammen und überlegt, was euch an Ungerechtigkeiten in eurem Umfeld auffällt. Dann denkt darüber nach, was ihr tun könntet, um Veränderungen zu bewirken!

2. Wenn ihr Ungerechtigkeit begegnet, dann macht den Mund auf, aber an der richtigen Stelle. Hinter dem Rücken zu motzen hat noch nie etwas bewirkt!

ATTACKE # 21:

HAUSAUFGABENHILFE

Die Idee:

Vor Kurzem kam wieder einmal eine Studie heraus, die besagt, dass es in Deutschland wesentlich leichter ist, sein Abitur zu schaffen, wenn die Eltern reich sind. In Gottes neuer Welt ist so eine Statistik inakzeptabel.

Die Attacke:

Trefft euch als Gruppe und findet heraus, wer auf welchem Gebiet klug ist. Dann fangt an, an einem Nachmittag in der Woche an einem bestimmten Ort freie Nachhilfekurse anzubieten. Vielleicht heißt das am Anfang, ein paar Kinder aus eurer Gemeinde oder aus eurem Umfeld zu finden, die euch cool finden. Vielleicht wird daraus viel mehr. Auf jeden Fall wäre dies eine Aktion, die Jesus für seine Vision einer neuen Welt auf dem Radar hätte.

Eine Gruppe von Müttern und Lehrern, die ich kenne, spielt gerade mit der Idee, ein neues Projekt, einen »Buchklub für Kinder«, ins Leben zu rufen. Die Idee dahinter ist, dass Kinder Bücher aussuchen, die wir dann besorgen, zusammen lesen und besprechen. Genial, oder?

ATTACKE # 22:

SPIELPLATZ

Die Idee:

»Aber warum hast du das kaputt gemacht? Wir haben uns doch so viel Mühe gegeben!«

Irgendjemand hatte diese komische Idee, mit unserer Jugendgruppe einen getrennten »Männer-« bzw. »Frauenabend« zu machen. Sowohl Männer als auch Frauen hatten 90 Minuten lang Zeit, ein Vogelhaus zu bauen. Aber nicht irgendeins. Die Jungs sollten das perfekte Haus für den Vogelmann bauen, die Mädchen das perfekte Haus für die moderne Vogeldame.

Das Ergebnis war mehr als klassisch. Die Jungs arbeiteten nach einer kurzen Arbeitsbesprechung weitgehend allein, dann wurden die einzelnen Teile von einem Experten zusammengesetzt und das Endprodukt war ein perfekt zusammengebautes Vogelhaus. Nicht besonders schön, aber unglaublich stabil und praktisch.

Die Arbeit der Mädels war eine einzige Besprechung, an der alle gleichzeitig teilnahmen. Jedes Detail wurde gemeinsam geplant und ausgeführt, und das Resultat war etwas später ein wunderschönes, total unpraktisches Vogelhaus. Nicht besonders stabil, aber dafür mit farblich abgestimmten Teppichen, Gardinen und etlichen weiteren Accessoires. Wundervoll unstabil!

Lustig, dass beide Gruppen so unglaublich stolz waren auf ihr Werk – das natürlich viel besser war als das des Gegners!

Das Schöne an diesem Spiel war, dass unsere jungen Leute, von denen man sagt, dass sie viel zu schnell erwachsen werden müssen, sich für zwei Stunden wie kleine Kinder benehmen konnten. In eine Traumwelt eingetaucht waren, Spaß ohne Ende hatten, sich miteinander messen konnten, Teamfähigkeit lernten, sich spielerisch an Dingen ausprobieren konnten, ganz viel gelernt hatten, ohne es zu merken. All diese guten Sachen, die gute Spiele ausmachen.

Die Stimmung war ausgelassen und super, bis ein Mädchen ihre Schwester abholte. Für Anne war die kindliche Stimmung unerträglich. Sie war gerade erst 14 Jahre alt, aber seit Jahren irgendwie schon erwachsen. Als also all diese freudestrahlenden »Kinder« auf sie einstürmten, um ihr stolz ihr »Mädchenvogelhaus« zu zeigen, da konnte sie die Stimmung nicht ertragen, riss es an sich und schmiss das »blöde Kinderding« auf den Boden, wo es dann in tausend Teilen lag und nie einer netten Vogeldame zugutekommen würde.

Die Moral der Geschichte ist nicht, dass das männliche Vogelhaus die Szene wahrscheinlich überlebt hätte. Die Moral ist, dass Spielen unglaublich wichtig ist für unsere Entwicklung. Hier nur eine kleine Liste von all den Vorteilen:

- Sinneswahrnehmung
- soziale Entwicklung
- lernen, sich an Regeln zu halten

- Selbstwahrnehmung
- Wahrnehmung anderer
- moralisches Denken wird gefördert
- Selbstkontrolle
- Leitungsgaben werden entwickelt

Die Idee ist ähnlich wie bei der Hausaufgabenattacke. In Gottes neuer Welt soll gespielt und gelacht werden. Immer mehr Kinder werden viel zu schnell erwachsen. Aber ihr könnt etwas dagegen tun!

Die Attacke:

Besorgt euch ein paar gute Spielebücher und so viel Spielematerial wie möglich, und dann bietet in einigermaßen regelmäßigen Abständen offene Spielenachmittage an.

- Wer besonders mutig ist, sollte das auch mal auf öffentlichen Plätzen probieren und Menschen ganz einfach zum Mitmachen animieren.
- Spielen ist nicht nur wichtig für Kinder! Ich habe gerade von einer Gemeinde gehört, die regelmäßig öffentliche »Spielenachmittage« für Senioren anbietet.

Tipp:

Mögliches Spielmaterial:

- Brett- oder Kartenspiele
- Gartenspiele (Boule, Darts, Krocket …)

- doppelseitiges Klebeband
- Karteikarten
- Kugelschreiber, Filzstifte, Marker
- Luftballons
- etwas zum »Augenverbinden«
- Seil
- Gummitwist
- Kreide

und, und, und …

ATTACKE # 23:

DER ALTERNATIVE ADVENTSKALENDER

Die Idee:

In meinem Büro hängt dieses Weihnachtsposter: »Wann habe ich jemals darum gebeten, dass ihr so viel Zeug kaufen sollt, um meinen Geburtstag zu feiern?"

Wie wichtig dieser Satz ist, habe ich selten so gespürt wie Weihnachten 2007. Einen Monat vor Weihnachten nehmen meine Kinder regelmäßig an der »Weihnachten im Schuhkarton«-Aktion teil. Die schöne Idee dahinter ist es, Kindern ein Weihnachtsgeschenk zu machen, bei denen am 24. Dezember sonst eher wenig oder nichts auf dem Gabentisch liegen würde. Lolly, Jubilee, Lukas und Kasey haben Spielzeug und Süßigkeiten zusammengesucht, über die sich »ihre« Kinder bestimmt freuen würden. Kasey (6) hatte ein kleines Mädchen aus Indonesien, für das sie unbedingt schöne Haarbänder kaufen wollte.

Wir haben uns dann doch dagegen entschieden. Das Perverse war nämlich, dass nicht nur Kaseys kleines Mädchen, sondern auch die Haarbänder aus Indonesien stammten.

Stell dir nur mal vor, dass ein kleiner Mensch zur Kinderarbeit gezwungen wird und das Produkt zu uns, in den Westen, geflogen wird, damit wir billige Haarbänder kaufen können, die sich dieses Kind nie leisten könnte. Und später schiffen wir dann das gleiche Haarband zurück, durch die halbe Welt, um diesem ausgebeuteten Mädchen an Weihnachten eine Freude zu machen. Irgendetwas stimmt doch hier nicht!

Der deutsche Theologe und Märtyrer Dietrich Bonhoeffer erzählt eine fiktive Geschichte: Ein Irrer kauft sich ein Auto und macht sich einen Spaß daraus, immer wieder Fußgänger über den Haufen zu fahren. Bonhoeffer sagt dazu: »Es ist eine Sache, sich um all die Verletzten zu kümmern. Aber irgendwann muss einer den Mut haben, das System zu ändern und den Irren zu stoppen!« Die Konsequenz war, dass er sich an einem versuchten Attentat auf Hitler beteiligte, wofür er letztendlich verurteilt und hingerichtet wurde.

Was ich Weihnachten kaufe, ist eben auch eine Frage der Gerechtigkeit!

Die Attacke:

Der folgende alternative Adventskalender ist eine Idee, wie wir uns und unsere Kinder mit diesem wichtigen Thema vertraut machen können.

- Wir machen uns bewusst, wie viel wir haben!
- Wir besteuern uns, für den Reichtum, den wir auf Kosten der Ärmsten haben.
- Die Kinder entscheiden am Ende, für welches Projekt wir diese »Steuern« gerne geben möchten!

Der alternative Adventskalender

»Verstehen lernen, wie gut wir es haben, und Menschen helfen, die es nicht so leicht haben wie wir.«

In dieser Advents- und Weihnachtszeit wollen wir herausfinden, wie viel wir besitzen, und etwas davon an die abgeben, die sich diese Dinge nicht leisten können. Arbeitet zusammen: Zählt an jedem Tag im Advent eine andere Annehmlichkeit des Lebens, die für uns selbstverständlich geworden ist, und legt euch dann eine Art freiwillige »Steuer« auf. Das ist Geld, das dann für einen guten Zweck gespendet werden darf!

Dez.	Wie gut wir es haben	Anzahl	Steuer
1.	10 ct für jeden Heißwasserhahn im Haus		
2.	75 ct für jedes Auto, dass unsere Familie besitzt		
3.	5 ct für jede Jeans, die ihr besitzt		
4.	25 ct, wenn Ihr regelmäßig eine Zeitung bekommt		
5.	5 ct für jedes Bett in eurem Haus		
6.	3 ct für jedes Schmink- oder Schönheitsutensil, das ihr besitzt		
7.	3 ct für jedes Paar Schuhe		
8.	3 ct für jeden Lichtschalter im Haus		
9.	20 ct für jede Dusche oder Badewanne		
10.	10 ct für jede Toilette		
11.	2 ct für jedes Stück Seife		

Dez.	Wie gut wir es haben	Anzahl	Steuer
12.	15 ct, wenn ihr Teller zum Essen besitzt		
13.	15 ct, wenn ihr Kochtöpfe besitzt		
14.	5 ct für jedes Fenster im Haus		
15.	10 ct für jede Tür, die nach draußen führt		
16.	20 ct für jeden Fernseher oder Bildschirm im Haus		
17.	5 ct für jedes Magazinabonnement		
18.	25 ct, wenn deine Familie mehr als 25 CDs oder DVDs besitzt		
19.	5 ct für jede Mahlzeit, die ihr in der letzten Woche hattet		
20.	10 ct für jedes Getränk, dass du gestern zu dir genommen hast (alles außer Wasser zählt)		
21.	25 ct, wenn Ihr einen Rasenmäher besitzt		
22.	3 ct für jedes Haarshampoo im Haus		
23.	15 ct für jedes Schlafzimmer im Haus		
24.	5 ct für jede Decke im Haus		
25.	15 ct für jedes Geschenk, dass du dieses Jahr bekommen hast		
Ergebnis			

ATTACKE # 24:

TARGET PARTY

Die Idee:

Diese Attacke eignet sich besonders, um sie in einem Camp oder einer Gemeinde durchzuführen. Als meine Tochter Jubilee neun Jahre alt war, war sie schon ein Veteran in Sachen Camp-Liebesattacken; das war für sie also nichts Besonderes mehr. Bis einmal eine Gruppe von männlichen Teens für einen Raum voller acht- und neunjähriger aufgeregter kleiner Mädchen eine Party geschmissen hat. Ziemlich einfach, aber stilvoll. Drinks in Bechern mit Zuckerrand, fein gekleidete Bedienung, Kerzen, Musik ... Das Ganze hat eine knappe Dreiviertelstunde gedauert, aber die Mädchen sprechen heute noch manchmal davon.

Der Gedanke dahinter ist folgender: »Menschen, die ich nicht verstehe, tendieren dazu, mich zu nerven!« Wenn Menschen auf eine Art und Weise agieren, die mir fremd ist, sehe ich das zunächst einmal als Bedrohung an. Ganz schnell kommt es dabei zu Verurteilung und Streit.

Warum weigern sich so viele Ausländer, Deutsch zu lernen?
Warum erkennt man im Ausland einen Deutschen daran, dass er Socken unter den Sandalen trägt und deutsches Essen bestellt?
Warum sind die Kinder des Nachbarn so laut, wenn ich noch schlafen möchte?

Warum schütteln Senioren vorwurfsvoll mit dem Kopf, wenn ich bei Dämmerung ohne Licht mit dem Fahrrad unterwegs bin?
Warum muss man Teenagern ständig ihren Krempel hinterherräumen?

Was wir nicht verstehen, wirkt erst einmal bedrohlich und kann zu schlechten Gefühlen und Auseinandersetzungen führen.

Die Idee dieser Attacke ist es deshalb, sich in andere hineinversetzen zu lernen. Eine Meile in ihren Schuhen zu laufen und zu überlegen, wie man ihnen dienen könnte!

Die Attacke:

Kommt in eurer Gruppe zusammen und plant eine Party, die einer anderen Gruppe gefallen würde. Zum Beispiel:

- Alteingesessene Gruppenmitglieder für die »Neuen«
- Männer für Frauen
- Teenager für Kindergruppe
- Kindergruppe für Jugendgruppe
- Teenager für Altenkreis

ATTACKE # 25:

TALENTVERSTEIGERUNG

Die Idee:

Jeder kann und weiß Dinge, die andere Menschen wirklich brauchen können. Hier ist eine witzige Idee, wie eine Jugendgruppe diese Talente an den Mann bringen kann, um Geld für ein soziales Projekt oder einen anderen guten Zweck zu sammeln.

Die Attacke:

1. Setzt euch zusammen und überlegt euch Dinge, die ihr gut könnt.
2. Ladet eure Gemeinde, Eltern etc. zu einem gemütlichen Abend ein, an dem diese Talente an den Meistbietenden versteigert werden. Hier ein paar Beispiele:

- Wir veranstalten das Programm für deinen nächsten Kindergeburtstag
- 5 Stunden Babysitting
- 5 Stunden Hausarbeit
- Computerhilfe
- 5 Stunden Nachhilfeunterricht
- 10 Stunden Gitarrenunterricht
- 4 Stunden Gartenarbeit
- »Ich erledige für Sie den Einkauf!«

Tipp:

Zwei Dinge sind wichtig, damit diese Attacke nicht nach hinten losgeht:

1. Ein guter Auktionator und Moderator
2. Jemand, der organisiert, dass die ersteigerten Arbeiten auch tatsächlich in einem angemessenen Zeitraum erledigt werden

Ich hab diese Attacke schon einige Male durchgeführt. Ganz wichtig war wirklich immer ein guter Auktionator, der die Versteigerung mit viel Humor geleitet hat. Dann ist in der Regel auch viel Geld zusammengekommen, obwohl oder gerade weil die Aktion nicht nach »Jetzt will mir wieder einer an den Geldbeutel« roch.

Richtig schiefgegangen ist die Attacke dann, wenn jemand viel Geld für ein Talent spendete, aber die »Dienstleistung« nie in Anspruch nehmen konnte, weil der Zeitrahmen nicht durchdacht war, z. B. bei dem 10-wöchigen Gitarrenlehrer, der zwei Wochen nach der Aktion in die 500 Kilometer entfernte Großstadt zum Studieren zog.

THINK IT OVER:
GESTRANDET

Ein junger Mann erleidet Schiffbruch und wird auf einer einsamen Insel an den Strand gespült, mit wenig Hoffnung auf eine baldige Rettung. Das ist die schlechte Nachricht! Die gute ist, dass sich noch eine weitere Person retten kann, nämlich die schönste Frau der Welt! Die Frau, deren Filme er immer so gerne mit seinen Kumpels gesehen hat.

Schon nach kurzer Zeit beginnt er, ihr den Hof zu machen: »Komm schon, wir werden hier noch ewig zusammen sein! Außerdem bin ich immerhin der schönste und klügste Mann auf dieser Insel!«

Nachdem sie ihn monatelang immer wieder entrüstet abgewiesen hat, gibt die junge Frau eines Tages nach. »O. K., ich bin schließlich auch einsam, aber wirklich nur eine Nacht!« Dieses Angebot lässt er sich natürlich nicht entgehen. Die beiden verbringen einen sehr romantischen Abend miteinander, und als er am nächsten Morgen neben der Traumfrau aufwacht, da kann er sein Glück kaum fassen.

Trotzdem scheint ihm noch etwas zu seinem Glück zu fehlen! Denn als sie aufwacht, hat er noch eine interessante Bitte: »Ich habe hier einen Filzstift. Wäre es o. k., wenn du dir damit einen Schnurrbart malst? Und hier mein Hemd und meine Baseballkappe, würdest du die überziehen und mich in einer halben Stunde am Strand treffen?«

Ihr schönes Gesicht zeigt ihre Verständnislosigkeit. »Was soll denn das jetzt schon wieder?« Aber egal. Eine halbe Stunde später erscheint sie als Mann verkleidet am Strand, und da kommt er auch schon angelaufen: »Mensch Peter, du wirst nicht glauben, mit wem ich letzte Nacht im Bett war!«

»Jetzt mal ganz ehrlich!«

Die Moral dieser Geschichte ist leicht zu erklären! Es reicht uns eigentlich nicht, etwas Gutes zu tun, gut zu sein oder etwas Gutes zu erleben. Es wird nur dann wichtig, wenn es jemand sieht.

Eigentlich wollen wir gar nicht gut sein, wir wollen, dass andere denken, dass wir gut sind! Deswegen gucken meine Kinder beim Sport, wenn sie gerade eine gute Aktion hatten, sofort zu mir herüber, ob ich es auch gesehen habe. Und wenn es kein anderer gesehen hat, dann muss eben auch oft Gott herhalten, um mir das Gefühl zu geben, gut zu sein!

Wenn das alles wäre, würde eine »Liebesattacke« wenig Sinn machen.

Aber es gibt Hoffnung

Jesus hat mal gesagt, dass uns die Armen immer begleiten werden (Matthäus 26,6). Was sich hier erst einmal wahn-

sinnig hoffnungslos anhört: »Egal, was ihr tut, es ändert sich sowieso nichts!« Aber das kann man auch anders verstehen. Ich brauche die, denen es nicht so gut geht, die leiden, die keine Stimme haben, die unterdrückt werden … damit mein eigenes, oft sehr hartes Herz weich wird.

Das ist das Schöne am »Liebesattackieren!« Wenn du es tatsächlich erlebst, dass deine kleine Aktion jemandem geholfen und etwas verändert hat, dann ist das Potenzial unglaublich hoch, dass du dich veränderst. Dann kann es dir passieren, dass das »Lieben« süchtig macht und tatsächlich zu deinem Lebensstil wird.

Als ich zum ersten Mal nach Uganda geflogen bin, hatte ganz viel meiner Motivation damit zu tun, dass ich mir in der Rolle als »sozial engagierter Mensch« gefallen habe. Aber dann lernte ich die Menschen kennen. Dann habe ich die Kinder toben sehen, auf einem Spielplatz, den mein Freund Jeff da vor zwei Jahren gebaut und finanziert hatte.

Deshalb kam mir die Idee, einen Fußballplatz zu bauen. Später haben wir dort das erste offizielle Spiel veranstaltet, und es war eine der besten Investitionen meines Lebens.

Ein Jahr später hat ein Senior aus unserer Kirche mir 100 Euro mitgegeben, von denen ich einer Familie Matratzen kaufen durfte, die bis dahin auf Lattenrosten geschlafen hatte.

Dann durfte ich mit kleinen Aidswaisen spielen und Musik machen und ich wusste, ich spiele mit Jesus. Letzte Woche hat ein Freund von mir angefangen, ein Wochenende im Hotel für einen gemeinsamen Freund zu organisieren, der unglaublich viel Stress hinter sich hat (siehe »Kein Sex im Whirlpool«!). Andere Freunde arbeiten gerade an einem »Buchklub für Kinder« (siehe »Hausaufgabenhilfe«!).

Liebesattacken haben Suchtpotenzial. Und wenn du auch nur einen Hauch vom »Leben in Gottes neuer Welt« erlebt hast, dann wird »Wie finden mich die anderen?« tatsächlich immer unwichtiger.

ATTACKEN # 26 – # 28:

ETWAS TUN FÜR DIE, DIE SCHON ETWAS TUN

Die Idee:

Zum Glück gibt es richtig gute Hilfsorganisationen, die schon lange genau das tun, was wir durch diese Aktionen lernen wollen: nämlich die Welt zu verbessern. Irgendwie, ob wir das genau realisieren oder nicht, hat Gott sein großes Herz für Projekte und Menschen auf eine gewisse Art verteilt.

Deshalb gibt es Menschen, die es einfach nicht mit ansehen können, wie andere Menschen ungerecht behandelt oder gefoltert werden (z. B. Amnesty International) oder dass wir nach und nach unsere Umwelt zerstören (z. B. Greenpeace) oder dass in Afrika ein ganzer Planet wegen des Aidsvirus auszusterben droht (z. B. World Vision). Einige haben ein Herz für Tiere, einige ein Herz für krebskranke Kinder, einige ein Herz für Arme und Unterdrückte, einige kämpfen gegen Kinderprostitution, einige ganz allgemein für Gerechtigkeit. Ein Glück, dass es diese Menschen gibt!

Wäre es nicht schön, wenn wir diese Gruppen irgendwie anspornen könnten, weiterzumachen und nicht aufzugeben?

Die Attacke # 26:

Finde heraus, welche Hilfsorganisationen es in deiner Stadt gibt und lade die Gruppen ein, um euch zu erzählen, warum ihnen ihre Arbeit so wichtig ist, warum ihr Herz für eine Sache oder Personengruppe schlägt. Fast jeder, der eine Leidenschaft für etwas hat, schätzt es, etwas darüber erzählen zu dürfen.

Die Attacke # 27:

Veranstaltet eine Party oder ein Abendessen, um die Hilfsorganisationen eurer Stadt zu ehren. Seid kreativ, teilt Geschenke aus, stellt Fragen, kocht gutes Essen, verwöhnt die Leute und vor allen Dingen: Ehrt sie!

Die Attacke # 28:

Fragt diese Organisationen, ob sie an irgendeiner Stelle Hilfe brauchen. Manchmal gibt es Dinge, die einfach zu kurz kommen, wie z. B. Aufräumarbeiten, Computerhilfe, Malerarbeiten (haben Freunde von mir mal für eine Gruppe gemacht) usw.

ATTACKE # 29:

SCHICK JEMANDEN IN DEN URLAUB!

Die Idee:

Mein Bruder hat einen Freund, der in seinem fast 40-jährigen Leben noch nie in den Urlaub gefahren ist. Da mein Bruder weiß, wie wichtig so eine Auszeit ist, in der man einfach mal wegfährt, hat er seinen Kumpel mit auf einen Arbeitseinsatz genommen, und dann sind sie einfach ohne Vorwarnung ein paar Tage gen Süden in den Urlaub geflogen.

Die Attacke:

Wenn ihr Freunde habt, die mal ein paar Tage Urlaub gebrauchen könnten, die sich das aber vielleicht nie selber leisten könnten, oder leisten würden, oder einfach nicht auf den Gedanken kommen würden, so etwas für sich zu tun – dann tut euch zusammen und schenkt ihnen einen Kurzurlaub! Nur ein paar Tage weg!

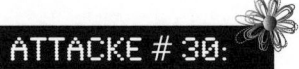

ATTACKE # 30:

JEMANDEN ZUM ESSEN EINLADEN, OHNE DASS DER ES WEISS

Die Idee:

Mit dieser Idee bin ich selber mal attackiert worden. Da sitze ich nichts ahnend mit meiner Familie im Pancake Café, und wir schaufeln uns Waffeln und heißen Kakao rein. Wir feierten so richtig, und die Stimmung war prächtig, bis es an der Zeit war, zu zahlen. Als ich die Kellnerin ansprach, erzählte sie mir, dass jemand heimlich für uns bezahlt hatte. Selbst für ein gutes Trinkgeld hatte der anonyme Spender gesorgt. Was den Kreis von Verdächtigen ganz klar einengte!

Ich kann mich noch genau erinnern, wie es mir anfangs echt schwerfiel, das Restaurant zu verlassen. Neben der Freude über die Frühstücks-Einladung (was uns zu der Zeit echt geholfen hat!) habe ich auch noch eine Menge über Gnade gelernt. Warum tun wir uns eigentlich oft so schwer damit, die Liebe von anderen für uns anzunehmen?

Auf jeden Fall habe ich noch Wochen später nach dem potenziellen Attackierer Ausschau gehalten, aber ich habe ihn bis heute nicht identifizieren können.

Die Attacke:

Bezahle für jemanden in einem Restaurant heimlich die Rechnung. Ganz witzig ist das auch, wenn der oder die Attackierte dich gar nicht kennt.

Tipp:

Wenn du selber knapp bei Kasse bist, solltest du das natürlich nur dann tun, wenn du ungefähr abschätzen kannst, wie hoch deine Spende ausfallen könnte.

ATTACKE # 31:

KOMPLIMENTE

Die Idee:

Irgendein kluger Soziologe hat mal herausgefunden, dass jeder von uns als Ausgleich für einen negativen Kommentar mindestens zehn Komplimente braucht. Die meisten von uns wären wohl schon zufrieden, wenn sich die negativen und positiven Kommentare wenigstens die Waage hielten!

Mein Sohn Lukas hat in seiner inzwischen fünfjährigen Karriere als Schüler nicht immer die größte Lust auf Schule gehabt. Das fing schon in der ersten Klasse an, was für uns Eltern immer ein bisschen beunruhigend war!

Gerade neulich musste ich mich länger mit ihm unterhalten, weil er seine Lehrerin wieder einmal nachgeäfft hatte und dabei einige »unangebrachte Begriffe« in sein Vokabular eingeflossen sein sollen. Gefühle sollen verletzt worden sein, was meinem Sohn natürlich leidtat.

Wir stehen ja eher selten morgens auf mit dem Plan: »Mal sehen, wen ich heute alles runtermachen kann!« Leider scheint es so zu sein, dass man Schlechtes selten planen muss. Dagegen scheint das meiste Gute nicht einfach so zu passieren.

Also haben wir uns zusammengesetzt, hart überlegt und an einer Idee gefeilt, wie es besser werden könnte. Unser Plan sah dann so aus, dass er am nächsten Tag anstelle der negativen Worte fünf Klassenkameraden und seiner Lehrerin Komplimente machen sollte.

Das war gar nicht so einfach, Lukas wollte ja ehrlich bleiben und musste echt überlegen, was denn nun in den fünf Schulstunden alles lobenswert war!

Die Ergebnisse waren erstaunlich. Sebastian wurde für seine besonders gelungene Wahl einer neuen Mütze gelobt. Anton hatte toll gespielt, und als Lukas seiner Lehrerin auch noch mitteilte, dass ihm die kreative Wahl von Spielen in der Sportstunde besonders gefallen hatte, sollen der Gerüchteküche nach fast Freudentränen geflossen sein! Lehrer bekommen in der Regel halt nicht Unmengen von Komplimenten zu ihrem Unterrichtsstil.

Die Attacke:

Nimm dir vor, heute fünf durchdachte Komplimente zu verschenken!

ATTACKE # 32:
UMZUGSSERVICE

Die Idee:

Es gibt nur wenige Situationen, die stressiger sind als ein Umzug. Ich habe bisher das Glück gehabt, fast immer eine Menge Freunde, Verwandte und Gemeindeglieder – manchmal sogar eine ganze Jugendgruppe – zur Hilfe gehabt zu haben, wenn ich mal umziehen musste.

Ich kann mich noch genau erinnern, wie einmal nach einem Jugendevent spontan 40 Jugendliche mit mir nach Hause gefahren sind, um uns zu helfen. Der Auslöser für diese Aktion war eigentlich nur meine Antwort auf die Frage, warum meine Frau an diesem Tag nicht dabei sein konnte. Ich hatte noch nicht mal dick aufgetragen, wie müde wir alle vom Umzug waren und wie schwer und unerträglich das Leben doch in so einer stressigen Zeit manchmal ist. Wie immer braucht man nur die eine Stimme, die laut genug sagt: »Wir haben doch Zeit und Kraft, lasst uns einfach mal schnell helfen fahren!«

Jedenfalls waren sie auf einmal da, 40 Jugendliche mit ganz viel Power, die in einer knappen Stunde mehr Möbel und Kram verrückten, als wir an zwei Tagen geschafft hätten.

Mehr Spaß hat das Ganze so auch gemacht, und solange keiner meine Frau auf einen Kartoffelsack anspricht, der Monate

später – an einem total unerfindlichen Ort – für einige Aufregung sorgte, weil er etlichen kleinen Tierchen Unterschlupf gewährt hatte, ist alles in Ordnung.

Wie dem auch sei, ganz viele Menschen haben keine Horde von Freunden, Verwandten oder Gemeindegliedern hinter sich, was ihre Situation an einem Umzugstag geradezu bedauernswert machen kann.

Die Attacke:

Plant von Zeit zu Zeit einen kostenlosen Umzugsservice!

ATTACKE # 33:
DIE SINGLE-MOM-MAFIA

Die Idee:

Diese Idee habe ich von meinem Papa. Mein Vater ist offiziell Handwerker in Rente, und zusammen mit seinem besten Freund taucht er ab und zu bei Menschen, die es wirklich brauchen können, auf, um alles, was im Haus kaputtgegangen ist, wieder heil zu machen. Unter anderem auch immer mal wieder bei alleinerziehenden Mamas. Daher der Titel!

Neulich habe ich ein Interview mit Bill Hybels gelesen, dessen Megakirche Willow Creek vor etlichen Jahren angefangen hat, gespendete Gebrauchtwagen von Freiwilligen überarbeiten zu lassen und dann an alleinerziehende, sozial schwache Mütter zu verschenken. Die Wege sind in den USA unglaublich weit, und ohne Auto bist du dort oft wirklich abgeschnitten. In besagtem Interview hat Pastor Hybels dann erzählt, dass von all den innovativen Dingen, für die seine Gemeinde bekannt geworden ist, diese Arbeit wohl am meisten dem entspricht, was Jesus in dieser Welt machen möchte, und die Resultate allen Beteiligten irre Spaß machen. Recht hat er!

Ich bin zum Glück nicht alleinerziehend. Aber kannst du dir vorstellen, was es bedeutet, einmal Hilfe zu bekommen, ohne danach fragen zu müssen? Wenn die Dinge, um die du dir seit Wochen Sorgen machst, auf einmal an einem Nachmittag von

74

freundlichen Leuten erledigt sind? Welche Beziehungen entstehen können zwischen Helfern und Kindern, die eventuell sogar zum Mithelfen eingeladen werden?

Die Attacke:

Irgendwie muss man Menschen, die wissen, wer gerade Not hat, und willige Handwerker zusammenbringen. Im Prinzip braucht man also nur jemanden, der willens ist, so eine »Single-Mom-Mafia« zu organisieren.

ATTACKE # 34:

LADE EINEN BETTLER ZUM ESSEN EIN

Die Idee:

Wenn mich ein Bettler um ein bisschen Kleingeld bittet, weiß ich meistens nicht, wie ich mich verhalten soll. »Braucht er wirklich Geld? Geht das Geld sowieso nur für Alkohol oder Drogen drauf? Gehört der zu einer Bande und muss das Geld später an seinen reichen Boss abgeben?«

Jesus hat mal gesagt, dass es besser ist, auf der »unverantwortlich lieben«-Seite zu irren. Er hat auch gesagt, dass wir ihm dann begegnen, wenn wir mit Armen, Unterdrückten oder Obdachlosen zusammen sind. Schließlich war er selber einer.

Die Attacke:

Hier ist eine gute Chance, ein bisschen Zeit mit Jesus zu verbringen. Lade einen Obdachlosen zum Essen ein! Und stell die Fragen, die du hast!

Tipp:

Auch wenn es auf den ersten Blick anders aussieht, fast alle Obdachlosen haben einen volleren, komplizierteren täglichen

Kalender als die meisten von uns, die Wohnungen und Jobs haben. Genau wie du gibt es Dinge, die auch ein Obdachloser nicht gerne isst bzw. gegen die er allergisch ist. Sei also nicht »schockiert«, wenn ein Bettler dir sagt, er habe keine Zeit oder er könne bestimmte Dinge nicht essen. Das ist total legitim!

Ganz wichtig: Keiner mag von oben her, wie ein »Gnadenobjekt«, behandelt werden, nach dem Motto: »Hier hast du mal ein Brötchen, hast ja sonst nichts, du armer Wicht!« Jede Beziehung, die nicht auf Augenhöhe stattfindet, ist irgendwie nicht gut und keine richtige Beziehung. Du solltest deine Rolle also nicht in erster Linie als Wohltäter sehen, sondern als Mitmensch und Lernender. Dann sollte das Ganze klappen!

ATTACKE # 35: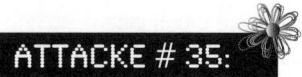

BRIEF AN EINEN MANAGER

Die Idee:

In meinem Büro hängt ein Poster, das einen Teenager mit Handy am Ohr vor einem vollgepackten Warenregal zeigt. Darunter steht: »Everything is connected« (Alles ist miteinander verbunden).

Das Poster soll mich daran erinnern, im Auge zu behalten, welche Auswirkungen mein Konsumverhalten auf andere hat. Eigentlich will ich nicht darüber nachdenken, dass die Turnschuhe, die ich kaufe, eventuell von kleinen Kindern in Zwangsarbeit hergestellt worden sind.

Und natürlich bin ich gegen Kinderprostitution. Trotzdem ist es ziemlich wahrscheinlich, dass mein Kaufverhalten dazu beigetragen hat, dass Eltern in Thailand so geringe Löhne gezahlt worden sind, dass sie sich dazu gezwungen fühlten, ihre eigenen Kinder zu verkaufen, um irgendwie überleben zu können.

Eigentlich will ich nicht darüber nachdenken, dass unnötiges Autofahren zur Erderwärmung beiträgt.

Ich hab mal gehört, dass eine Softdrinkfirma Bürgerkriege in Afrika finanziert. Ich denke lieber nicht drüber nach, wer das war. Zu unbequem!

78

Ich habe schon mal bei einer »Rettet den Regenwald«-Kampagne unterschrieben. Trotzdem esse ich gerne Hamburger.

Alles ist miteinander verbunden!

Darüber denke ich nicht gerne nach. Wäre aber natürlich gut für diese Welt, wenn genügend Menschen sich Gedanken machen und reagieren würden!

Die Attacke:

Nimm dir vor, jeden Monat dem Chef eines großen Konzerns einen Brief zu schreiben, in dem du das ethische Vorgehen seiner Firma lobst bzw. kritisierst. Ganz wichtig ist natürlich, dass du dafür deine Hausaufgaben gemacht hast!

»Sklavenfreie Schokolade«

Vor einiger Zeit haben wir in einem Camp die Exodusgeschichte nacherzählt, wo Moses das versklavte Volk Israel aus Ägypten in die Freiheit geführt hat. Bei so einem Thema drängt sich natürlich die Frage auf, ob es heute noch Sklaverei gibt und ob wir etwas dagegen tun können.

Unter anderem haben wir über eine Statistik gesprochen, die besagt, dass 40 % der Kakaobohnen – der wichtigste Inhaltsstoff der Schokolade, die wir so gerne essen – von der Elfenbeinküste kommen. Dort wird fast ausschließlich mit Kindersklaven geerntet. Das sind im Moment ungefähr 12.000 Kinder, und kaum ein Hersteller garantiert, dass sein Produkt sklavenfrei ist.

Unsere Frage war also nach der logischen Konsequenz für uns, wenn wir sagen, dass wir einen Gott lieben, dem der Schrei der Unterdrückten nicht egal ist und der sie gerne befreien möchte. Würden Briefe an die Manager etwas bringen? Ein Schokoladenboykott?

Die Filialleiterin eines Supermarktes in der Nähe des Camps wunderte sich jedenfalls nicht wenig, als sie in den nächsten fünf Tagen ungefähr 100 Mal gefragt wurde, ob sie garantieren könne, dass dieser Schokoladenriegel auch ohne die Hilfe von Sklavenarbeit hergestellt worden sei!

Etwas später haben wir dann mit einer Gruppe Erwachsener ein »sklavenfreies« Schokoladenfondue veranstaltet und groß beworben. Wir mailten alle uns bekannten Hersteller von Schokolade an mit der Frage, wie sie zu dem Thema stünden und ob wir ihre Schokolade bedenkenlos konsumieren könnten.

Traurig war die Reaktion. Genau ein deutscher Hersteller hat geantwortet! Wer wissen möchte, welche Schokolade man guten Gewissens genießen kann, darf mir gerne einmal eine E-Mail schicken.

Wen das Thema interessiert ... www.stopthetraffik.org

Gib »slave free chocolate« bei Youtube ein, und du findest einen Kurzfilm über einen Holländer, der sich selber dafür angezeigt hat, dass er Schokolade gekauft hat, die mit Sklavenarbeit hergestellt worden ist.

ATTACKE # 36:

GROSSER BRUDER, GROSSE SCHWESTER

Die Idee:

Während meiner Zeit in Kanada haben wir mit unserer Jugendgruppe jedes Jahr im März ein Camp für Kinder angeboten, die sich die bei uns üblichen Sommercamps nicht unbedingt leisten konnten.

Bei einem dieser Camps wuchs eine bemerkenswerte Freundschaft zwischen Brent (16) und Jeff (8).

Brent war wohl bei Weitem unser härtester Arbeiter. Er sprach kaum einmal mehr als fünf Worte, aber in jeder freien Minute konntest du ihn unter Garantie irgendwo bei einer schweren körperlichen Arbeit finden. Während die anderen irgendetwas zusammen unternahmen, war Brent meistens alleine, weil noch Holz gehackt werden musste oder irgendwelche schweren Sachen irgendwohin geschleppt werden mussten, die wir anderen gerne mal übersehen hatten.

Irgendwann tauchte dann dieser kleine Junge neben ihm auf. Jeff kam aus einer sehr schwierigen Familiensituation, kaum einer unserer Mitarbeiter kam mit ihm klar, und Jeff unterhielt sich auch nicht gern mit Leuten.

Und irgendwann stand der kleine Kerl also neben Brent, guckte ihm bei der Arbeit zu und ging nicht wieder weg. Als Brent merkte, dass sein neuer Schatten nicht wieder verschwinden würde, kramte er, natürlich ohne ein Wort zu verlieren, ein kleines Beil heraus und zeigte Jeff, wie man Holz hackt.

Irgendwie wurden dieser 16-Jährige und der 8-Jährige Freunde. Nach dem Camp hat Brent über Jahre dafür gesorgt, dass sein »kleiner Bruder« jede Woche in die Kinderstunde gefahren ist, und jedes Jahr das Camp für ihn bezahlt. Diese Freundschaft hat beide verändert.

Die Attacke:

Was wäre, wenn Teenager, gerade männliche, in Kindergottesdienste und Kinderstunden involviert wären und über das Programm hinaus ein Interesse an einem kleinen Bruder oder einer kleinen Schwester entwickeln würden? Was wäre, wenn Gemeinden und Kirchen so etwas fördern würden?

In seinem Buch »Father Fiction« beschreibt der amerikanische Schriftsteller Donald Miller, der selber ohne Vater aufgewachsen ist, dass 85 % aller Männer, die in amerikanischen Gefängnissen sitzen, ohne Vater aufgewachsen sind. Don hat daraufhin eine Organisation gegründet, die Mentoren und Jungen zusammenbringt. Wen so eine Arbeit interessiert und wer einigermaßen gut Englisch kann, findet hier ein paar sehr gute Ideen: www.thementoringproject.org

Und wie sieht so eine Beziehung eigentlich ganz praktisch aus? Eigentlich ist das ganz einfach.

- Spielt Fußball zusammen!
- Geht Eis essen!
- Bastelt irgendetwas!

Und dann fangt an zu reden! Stell viele Fragen. Erzähl von dir. Finde heraus, was der andere gerne mag! Der Rest wird sich ergeben.

ATTACKE # 37:

FRAG NACH! FRAG ANDERE NACH IHREN ERFAHRUNGEN

Die Idee:

Jeder wird gerne nach seiner Meinung gefragt; das liegt in der Natur des Menschen. Wir lieben es, wenn jemandem unsere Ansichten, unsere Erfahrungen und unser Rat wichtig sind. Besonders, wenn wir nicht so oft gefragt werden!

Hier also ein paar Ideen, wie so ein Erfahrungsaustausch aussehen könnte:

a) Neulich hat die Jugendgruppe in meiner Gemeinde etliche Senioren eingeladen. Neben gutem Essen hatten die Jugendlichen einen Katalog mit Fragen mitgebracht zu den Erfahrungen der älteren Leute, die sie wirklich interessierten!

- Wie war das damals, als ihr in einer Jugendgruppe wart? Wie habt ihr euch angezogen? Was für Lieder habt ihr gesungen? Gab es Spaßaktionen oder saßt ihr nur brav im Kreis und habt gebetet?
- War Schule damals anders? Habt ihr auch Mobbing erlebt? Gab es auch schon diesen Druck, dass nur die Besten später einen Ausbildungsplatz bekommen?

- Wie war das damals mit Dating? Stimmt es, dass man Gefühle nicht in der Öffentlichkeit zeigen durfte?
- Wie ist das, wenn man älter wird? Hat man da Angst vor dem Sterben? Würdet ihr Dinge heute anders machen? Plant ihr noch richtig langfristige Sachen?

Leider war ich an dem Abend nicht eingeladen! Ich weiß aber, dass sowohl die Jugendlichen als auch die Senioren immer noch von dieser Party sprechen.

b) Hinz und Kunz
- In Hamburg und in einigen anderen Großstädten gibt es eine sehr coole Chance, sich Rat von Obdachlosen zu holen. Man kann Stadttouren buchen, wo einem der Stadtführer erklärt, wo man nachts gut und einigermaßen sicher schlafen kann, wo es günstig etwas zu essen gibt, wo man umsonst duschen kann usw.
- Man darf natürlich auch Fragen stellen, wie man in die Obdachlosigkeit rutschen kann, was das mit einem macht, wie man evtl. wieder rauskommt und was einen noch so alles interessiert!

Noch ein paar andere Gruppen:

- Ausländer
- Mitglieder einer anderen Religionsgemeinschaft
- Menschen mit einer Behinderung
- Eine bestimmte Berufsgruppe

Die Attacke:

Such dir eine Gruppe aus, deren Erfahrungsschatz dich interessieren würde! Dann stelle den Kontakt her, schaffe ein gemütliches Ambiente und stelle deine Fragen.

Tipp:

Wenn der Sensibilitätsfaktor in deiner Jugendgruppe nicht besonders hoch ist, dann sollte vorher über den Fragenkatalog geredet werden. Wenn man einen Senior nicht besonders gut kennt, wäre die Frage: »Wie ist es, wenn man bald stirbt?« z. B. nicht unbedingt angebracht. Offenheit ist wichtig. Respekt aber erst recht!

ATTACKE # 38:

SPENDE 10 STUNDEN PRO WOCHE

Die Idee:

Die meisten von uns sind undiszipliniert, was unsere Zeit angeht. Wir würden gerne helfen, wenn es sich ergibt. Aber manchmal passiert dann eben wochenlang gar nichts!

Manchmal hilft es, Dinge zu konkretisieren. Wie wäre es mit einer persönlichen Verpflichtung, jede Woche eine bestimmte Zeit damit zu verbringen, die Welt ein wenig schöner zu machen? Wenn deine Wochen ähnlich voll sind wie meine und du auch zum Chaos neigst, würde ich sogar Buch führen! Deine Zeit ist sozusagen dein Geschenk an Gott und seine Welt.

Die Attacke:

Hier ein paar Ideen:

- Kontaktiere (Telefon oder Besuch) jeden Tag jemanden, dem du helfen könntest!
- Frage Klassenkameraden, die heute gefehlt haben, wie es ihnen geht!
- Sitz mit jemandem, der sonst viel alleine sitzt!

- Kontaktiere jemanden, der krank ist, und biete deine Hilfe an!
- Babysitte für eine junge Familie und schick die Eltern ins Kino!

Was immer du tust, tue es regelmäßig, damit »Dienen« ein Teil von dir wird!

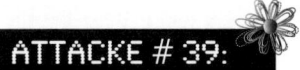

ATTACKE # 39:

WERDE EIN ANONYMER SPASS-SPENDER!

Die Idee:

Wenn ich ganz ehrlich bin, schenke ich meistens für mich selber! Ich freu mich einfach, wenn meine Kinder oder Freunde sich total über eines meiner Geschenke freuen. Und wenn die dann auch noch wissen, wie spendabel ich bin, dann ist das natürlich ein Extra-Bonus!

Es gibt diesen alten Spruch von Jesus, der das Geben auf ein noch höheres Level bringen möchte: »Lass deine rechte Hand nicht wissen, was deine linke tut!«

Wenn du das mal umsetzen möchtest, kannst du Folgendes ausprobieren: Viele Organisationen führen richtig gute Programme durch, die sich aber eben nicht alle leisten können. Wie wäre es, wenn du für ein Kind anonym eine Aktion spenden würdest, damit diesmal jeder mitkommen und Spaß haben kann?

Ich hab übrigens in meinen 20 Jahren als Jugendpastor einmal erlebt, dass ein Geschäftsmann mir 1000 Dollar für Spielmaterial für ein Camp zugesteckt hat! Das Gefühl war schon cool, ohne schlechtes Gewissen in einen Spielzeugladen zu gehen und den Einkaufswagen mal so richtig vollzupacken.

Die Attacke:

Gehe zu einem Lehrer, Projektleiter, Pastor, Jugendleiter oder Kindermitarbeiter und mach folgendes Angebot:

- »Was würde es für ein Kind kosten, an eurer nächsten Wochenendfreizeit teilzunehmen? Ich würde gerne eine Person anonym sponsern!«
- »Ich würde gerne x Euros spenden, damit deine Gruppe statt auf dem Boden einer Sporthalle in einer schicken Jugendherberge übernachten kann!«
- »Statt belegten Brötchen, geh mit der Jugendgruppe doch mal in ein Restaurant. Ich übernehme die Rechnung!«
- »Wenn du mit deiner Klasse in dieser Stadt bist, lade doch mal alle auf meine Kosten zum Eisessen ein!«
- »Was für Spiele wolltet ihr auf eurer nächsten Aktion immer mal machen, aber das Material war zu teuer? Ich würde das gerne übernehmen!«

ATTACKE # 40:

EHRENTITEL

Die Idee:

»Weltbester Ungezieferbeseitiger«, »Die lebendige Spülmaschine«, »Doktor der Abwasserentsorgung«, »Kreativster Flop des Jahres«, »Aktivster Zuhörer« …

Es gibt alle möglichen Anlässe, deine Freunde für das, was sie tun, zu ehren! Selbst Versuche, die fehlgeschlagen sind, können und sollten gefeiert werden.

Viele Firmen vergeben inzwischen jedes Jahr Geldpreise für Ideen, die nicht funktioniert haben. Sie haben herausgefunden, dass gerade das Feiern von verpatzten Ideen die Kreativität steigert. Wir haben das in einer der Gemeinden, in denen ich gearbeitet habe, ausprobiert. Es gab jedes Jahr einen Preis für die beste Idee, die nicht funktioniert hatte, und wir haben damit richtig gute Erfahrungen gemacht. Das Ganze funktioniert natürlich am Besten, wenn man sich selber nicht so tierisch ernst nimmt.

Die Attacke:

Plane regelmäßige Events, wo Menschen geehrt werden, in dem du ihnen Preise bzw. Titel verleihst. Es geht darum, ab und zu einmal auf kreative Art und Weise »Danke« zu sagen!

ATTACKE # 41:

WEINEN IST MEDIZIN

Die Idee:

Vor etlichen Jahren nahm ich an einer Beerdigung bei India-nern in Sechelt, British Columbia, teil. Die Beerdigung lief et-was anders und wesentlich emotionaler ab, als ich es gewohnt war. Aber was mich am meisten beeindruckte, nachdem ich mich ein bisschen an das laute Klagen und Weinen gewöhnt hatte, waren die Worte des Schamanen. »Eure Anwesenheit«, sagte der geistliche Leiter, »euer Hiersein an diesem Tag ist Medizin für die, die jetzt so traurig sind. Euer Hiersein wird die Trauernden wieder gesund machen!«

Im Neuen Testament hat der Missionar Paulus das ähnlich aus-gedrückt: »Freut euch mit den Fröhlichen und weint mit den Weinenden« (Römer 12,15).

Mir fällt es meistens irre schwer, die richtigen Worte zu finden, wenn es jemandem nicht gut geht. Ich habe sogar schon das Weite gesucht, damit Leute, denen es gerade nicht gut geht, mich nicht sehen und ich nicht irgendwas Tröstliches sagen muss, obwohl ich keine Worte habe.

Die Idee hier ist: Alles, was wichtig ist, ist deine Anwesenheit Du musst eigentlich nur da sein. Die Gefühle teilen!

Die Attacke:

Wenn es einem Freund oder einer Freundin schlecht geht und Krankheit oder Tod in sein oder ihr Leben getreten sind (oder auch ganz banale, weniger dramatische Dinge passiert sind, wie: dein Freund ist sitzen geblieben, deine Freundin hat ihren Job verloren, dein Freund hat mit seiner Freundin Schluss gemacht …), dann kommuniziere ganz einfach, dass du mitleidest, dass du da bist! Was immer euer Lieblingsmedium ist, E-Mail, Karte, Brief, Telefonanruf, Besuch: »Ich wollte nur, dass du weißt, dass ich weiß. Es tut mir unglaublich leid, und es tut mir weh, dass es dir nicht gut geht!« Oft ist das schon die Medizin, die dein Freund oder deine Freundin braucht! Und wenn es dran ist, kommen die richtigen Worte dann irgendwann wie von selbst.

ATTACKE # 42:

LACHEN AN DER RICHTIGEN STELLE

Die Idee:

Eigentlich steckt hinter dieser Attacke die gleiche Idee wie bei Attacke # 41 – nur dass es hier nicht ums Mitweinen, sondern ums Mitfreuen geht. Teil 1 von »Freut euch mit den Fröhlichen und weint mit den Weinenden« (Römer 12,15) sozusagen.

Neid kann jeder! Wenn sich einer über eine gute Note freut, ein neues Auto gekauft hat, einen Freund gefunden hat, in eine neue Wohnung gezogen ist usw., ist unser erster Reflex häufig Neid und das Gefühl, dass wir selbst das eigentlich viel mehr verdient hätten!

Und meiner Erfahrung nach gibt es da auch leider keine Tricks. (Obwohl irgendein christlicher Autor garantiert irgendwo ein Buch mit dem Titel geschrieben hat: »Zehn einfache Schritte, wie man in 21 Tagen lernen kann, garantiert nie wieder neidisch zu sein und sich nur noch zu freuen«.) Deshalb kann ich nur sagen, was ich mache: Ich weiß, dass Neid blöd ist und zerstörerisch. Also muss ich mich immer wieder daran erinnern, dass ich so nicht leben möchte.

Vor einigen Jahren bin ich auf einem Kurzflug tatsächlich einmal kurzerhand in die erste Klasse gesetzt worden, weil man meinen Platz schon verkauft hatte. Ich kann nicht sagen, dass sich jemand für mich gefreut hätte. Die extremste Reaktion waren einige Mittelfinger, die ich zu sehen bekam, als man mir gerade meinen Empfangssekt eingoss.

Die Idee hier ist, Wege zu finden, sich mit denen zu freuen, denen etwas gelungen ist, die beschenkt worden sind. Was alles nicht nur für sie schöner macht, sondern auch uns selber von Grund auf erneuert und dankbarer macht!

Die Attacke:

Schreibe regelmäßig außergewöhnliche Glückwunschkarten: »Ich freue mich für dich! Gut, dass dir das gelungen ist! Ich bin stolz auf dich!« Suche regelmäßig nach Möglichkeiten, dich für Menschen zu freuen und das auf irgendeine Art und Weise zu kommunizieren.

Tipp:

Wenn ihr Mitfreuen einmal üben wollt, versucht folgende Gruppenaktion:

1. Teilt euch in Zweiergruppen auf.
2. Person # 1 hat jetzt 90 Sekunden lang Zeit, ihrem Partner von etwas zu erzählen, was ihr in den letzten Tagen auf irgendeine Art und Weise Freude gemacht hat!

3. Die Aufgabe des Partners ist es, aktiv dabei zuzuhören. Das heißt: Fragen stellen! Zustimmend nicken!
4. Nach 90 Sekunden wird gewechselt, und der Erzähler wird zum aktiven Zuhörer.

Es macht gar nichts, wenn du beim aktiven Zuhören bewusst übertreibst. Es geht darum, »sich für jemanden zu freuen« zu trainieren!

ATTACKE # 43:

FLASHMOB

Die Idee:

Als ich neulich mit ein paar Freunden im Kino saß und die Vorstellung wie immer durch den Eisverkäufer unterbrochen wurde, kam von mir, genervt durch die lange Verzögerung, mein typischer Spruch: »Wenn jetzt einer von euch was bestellt, haue ich euch!« Woraufhin mein Kumpel die Idee hatte, beim nächsten Mal eine Art Flash zu machen und mit 100 Leuten im Kino zu erscheinen, die alle das gleiche Eis bestellen!

Keine Ahnung, ob das witzig wäre, aber dabei kam uns die Idee, auf die Art und Weise mal ein Event aufzumischen, wo man gerne viele Leute dabeihätte, die aber eher nicht erscheinen.

Was wäre, wenn auf einmal 100 Leute extra bei einem Dorfgottesdienst auftauchen würden, zu dem sich normalerweise nur fünf alte Leute versammeln? Was würde das für Nachwuchsschauspieler oder -musiker bedeuten, wenn auf einmal 100 Freunde und Bekannte zu einem Amateurtheaterstück oder Konzert kommen, wo sich sonst kaum Leute hinverirren?

Die Attacke:

1. Sucht euch ein Event aus, das ihr crashen wollt! Wäre natürlich schön, wenn es etwas wäre, wo man sich viele Leute wünscht, wo aber meistens eher wenige erscheinen.
2. Verabredet euch über Facebook, Internet oder Telefonkette heimlich mit so vielen echten und virtuellen Freunden wie möglich, euch dort zu treffen!
3. Es muss in der Einladung klar sein, dass es nicht darum geht, die Veranstaltung zu stören, sondern ihr einen Boost zu geben.
4. Dann trefft euch und feiert schön und unterstützt die Leute, die etwas für andere auf die Beine stellen!
5. Wenn möglich, lobt die guten Seiten der Veranstaltung und die unglaubliche Werbung, die dafür gesorgt haben muss, dass so viele Leute erschienen sind!

ATTACKE # 44:
DIE LIEBLINGSLISTE

Die Idee:

Jeder »weniger Organisierte« kennt diesen unnötigen Stress: Du bist auf eine Geburtstagsparty eingeladen und suchst im allerletzten Moment nach dem perfekten Geschenk. Dieses »perfekte« Geschenk entpuppt sich dann meistens als unglaublich persönlicher und origineller Blumenstrauß oder Geldschein!

Wäre doch schön, wenn man guten Freunden die Wünsche von den Augen ablesen könnte. Nicht nur bei Geburtstagspartys, sondern auch mal einfach so, um zu zeigen: Du bist mir wichtig! Hier könnte ein Mindestmaß an Organisation ganz hilfreich sein.

Die Attacke:

1. Lege für deine Freunde und Bekannten eine »Lieblingsliste« an!

   - Was essen sie am liebsten?
   - Was sind ihre Interessen?
   - Welche Filme lieben sie? Auf was für Konzerte würden sie gerne gehen?
   - Was macht ihnen richtig viel Spaß?

2. Und dann halte die Augen offen für Gelegenheiten, wann du sie mit diesen Dingen beschenken kannst!

ATTACKE # 45:

TALENT-TAUSCHBÖRSE

Die Idee:

Zeit für eine persönliche Beichte: Ich hasse Steuererklärungen! Formulare ausfüllen treibt mich zum Wahnsinn! Mir graut es davor, irgendwelche Ämter, Service-Provider oder Firmen anzurufen! Ich werde diese Tätigkeiten immer hassen!

Aber so unglaublich es für mich auch scheinen mag, ich habe Freunde, die genau diese Tätigkeiten, vor denen mir graut, tatsächlich gerne tun! Sonst sind sie eigentlich ganz normal und umgänglich … Komisch ist dabei, dass diese Freunde mich für verrückt halten, weil ich gerne Schülern beim Ausarbeiten von Referaten helfe. Weil ich gerne Kindergeburtstage organisiere und sogar freiwillig mit Kindern spiele!

Das Verrückte ist, dass ich selten – eigentlich nur im äußersten Notfall – Freunde um Hilfe bei Dingen bitte, die ich selber nicht gerne tue, obwohl den Freunden diese Tätigkeiten Spaß machen. Weil ich mir eben, obwohl sie das Gegenteil behaupten, einfach nicht vorstellen kann, dass es möglich ist, so etwas zu mögen! Also schiebe ich meine Formulare weiter vor mir her, bis ich irgendwann mit Mahnungen bedroht werde …

Aber jetzt habe ich eine Idee!

Die Attacke:

1. Haltet ab und zu eine Talent-Tauschbörse ab, wo ihr herausfindet, welche Tätigkeiten einige von euch entweder absolut hassen oder total gerne tun! Hier ein paar Beispiele:

   - Kochen
   - Putzen
   - Formulare ausfüllen
   - Einkaufen gehen
   - Telefonieren
   - Zu Ämtern gehen
   - Auto waschen
   - Auto kaufen
   - Gartenarbeit

2. Dann schaut, ob es möglich ist, ab und zu eure Talente miteinander zu tauschen bzw. euch gegenseitig bei den Dingen zu helfen, die euch einfach nicht liegen.

ATTACKE # 46: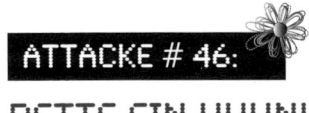

RETTE EIN HUHN!

Die Idee:

Welches Bild von Gott macht für dich mehr Sinn? Jesus im Nerzmantel oder Jesus als Mitglied eines Tierschutzvereines? Ich hab neulich das 39. Kapitel der Hiobsgeschichte gelesen. Kann ich als Lektüre nur empfehlen! Dort findest du ein ziemlich kräftiges Argument dafür, dass Gott eine große Liebe für die Schönheit von Tieren und Natur verspürt und ihm ihre Produktivität erst mal ziemlich egal ist.

Gott erklärt dem guten Hiob in poetischen Bildern die Schönheit der Schöpfung: »Hast du schon mal einem wilden Esel zugeschaut? Wahnsinn! Und die Kraft eines Krokodils … und die Storchenmutter ist so doof, die hat keine Ahnung, wie sie ihre Kinder beschützt, aber wenn sie die Flügel ausbreitet und losrennt, das ist der pure Wahnsinn, unheimlich schön!«

Es scheint mir, als ob Gott eine fast kindliche Bewunderung für die Schönheit der Schöpfung hat. Kein einziges Mal spricht er darüber, was die Tiere alles produzieren können, aber über ihre Pracht kann er nicht aufhören zu reden.

Na und?

Als ich neulich im Supermarkt zum Einkaufen war, habe ich folgende Unterhaltung belauscht: »Herbert, warum sind die Eier im grünen Karton 50 Cent billiger als die im blauen?« – »Weiß ich auch nicht, Wilma! Kauf einfach die billigeren!«

Ich hab mich mal wieder nicht getraut, etwas zu sagen, aber es scheint mir, als sei die Frage nach dem grünen oder blauen Eierkarton irgendwie nicht nur eine Preisfrage, sondern vor allem eine geistliche Frage. Wenn der Gott, mit dem ich befreundet sein darf, Tiere nicht als Produktionsmaschinen sieht, sondern sie liebt und sich an ihrer Schönheit freut, macht es dann Sinn, Eier von legal gequälten Hühnern zu essen, um 50 Cent zu sparen? Ist Gott auch ein bisschen ein Grüner? Wäre auf jeden Fall mal ein paar Gedanken wert!

Die Attacke:

Kreiert einen Umwelttag!

1. Schaut euch heute mal ganz bewusst ein Lebewesen an und redet darüber, warum Gott sich so an seiner Schöpfung freut!
2. Macht einen Umwelttag, an dem ihr nur ein paar normale Dinge etwas umweltbewusster tut als normalerweise. Kauft Eier von glücklichen Hühnern, bzw. überredet eure Eltern dazu, räumt Müll weg, arbeitet ein paar Stunden im Garten …
3. Denkt darüber nach, so einen Tag regelmäßig einzuführen und andere zum Mitmachen zu motivieren!

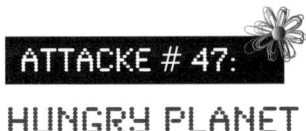

ATTACKE # 47:

HUNGRY PLANET

Die Idee:

In seinem Buch »Hungry Planet« hat der Fotograf Peter Menzel Familien aus vielen verschiedenen Ländern mit einer Wochen-ration ihres normalen Essens fotografiert. Die Bilder verdeut-lichen die kulturellen, gesundheitlichen, aber auch gerade die finanziellen Unterschiede auf eine unglaublich drastische Art und Weise.

Wie man sich vorstellen kann, ist unser deutscher Tisch we-sentlich reicher gedeckt als zum Beispiel der einer äthiopischen Familie. Dafür können wir es uns aber auch leisten, wesentlich gesünder zu essen als viele andere Familien.

Wie würde das aussehen, wenn wir aus Solidarität mit den Ärmsten dieser Welt, nur eine Zeit lang, so essen würden wie sie?

Die Attacke:

1. Googelt zusammen »Hungry Planet« und schaut euch die Bilder an!
2. Sprecht darüber, bei welchen Familien ihr gerne mal einen Monat lang mitessen würdet! Bei welchen auf keinen Fall? Warum?

3. Einigt euch auf eine Zeit, wo ihr nur das esst, was die Ärmsten auf diesen Bildern essen! Z. B. einen Monat, 40 Tage vor Ostern, eine Woche …

4. Erlaubt wären: Wasser, Reis, rote Bohnen, so viel davon, wie ihr möchtet! Luxusgüter wären zum Beispiel ein Salatkopf pro Woche bzw. eine Banane pro Tag.

5. Am Ende eurer Fastenzeit wäre es natürlich interessant zu messen, wie viel Geld ihr gespart habt und auch wie viele Kilos ihr abgenommen habt! Wer möchte, kann das gesparte Geld spenden.

6. Danach unbedingt feiern und über das Erlebte sprechen! Aus Dankbarkeit für das, was ihr habt! Und um sich auszutauschen, wie die Zeit für jeden gelaufen ist.

ATTACKE # 48:

»ADVENTS-KONSPIRATION«

Die Idee:

Worum geht es eigentlich bei unserer alljährlichen religiösen Lieblingsparty? Einem jungen Mädchen aus einem kleinen unbedeutenden Dorf wurde von einem Engel versprochen – man könnte auch sagen angedroht –, dass sie bald ein Baby in ihrem Bauch tragen würde.

Was für ein Risiko das gewesen sein muss für einen unverheirateten Teenager, aus ärmsten Verhältnissen, aus einem versklavten, unterdrückten, superreligiösen Volk, das können wir nur erahnen!

Warum nimmt sie die Herausforderung an?

Sie selber hat es ungefähr so formuliert: Mein Sohn wird die Mächtigen, die Reichen, die Unterdrücker, die Ausnutzer brüskieren. Er wird das System auf den Kopf stellen und für eine neue Welt sorgen, in der Verachtete eine Stimme bekommen, Schwache stark sind, Einsame Freunde finden, Arme reich sind, Unterdrückte Gerechtigkeit bekommen.

Ein gefährliches Unternehmen. Mächtige mögen es nicht, wenn ihr Status bedroht wird. Einer dieser Mächtigen, Herodes, war über dieses Kind so beunruhigt, dass er einen Massenkindermord verursachte, um diesen »König der Armen« auszuradieren.

Einige Christen haben sich gefragt, wie es aussehen könnte, dahin zurückzukehren und Weihnachten in diesem Sinne zu feiern!

Weil sie es paradox finden, dass wir jedes Jahr die Geburt dieses sanften Revoluzzers, den Mut dieses Teenagermädchens feiern, indem wir Milliarden Euros ausgeben, um Dinge zu kaufen, die größtenteils von Teenagermädchen in armen Ländern wie Mexiko, Burma oder Vietnam hergestellt werden. Die oft 16-Stunden-Arbeitstage haben, in 30 Grad Hitze. Deren Zuhause oft ein großer, überfüllter Raum ist, ohne Elektrizität und fließendes Wasser, aber mit Dutzenden von schmutzigen Matratzen, für die ein Großteil ihres Lohns abgeht.

Die Frage ist, wie feiert man das, ohne der Verwandtschaft, die es ja total gut meint, völlig die Laune zu verderben? Ohne den Humor zu verlieren? Ohne wie der »Grinch« zu sein, der allen die Weihnachtsstimmung vermiesen möchte?

Wenn dich interessiert, was sich diese Gruppe genau ausgedacht hat, kannst du ihre Webseite besuchen:
www.adventconspiracy.org

Die Attacke:

Trefft euch mit ein paar Freunden und plant eine Advents-Kon-spiration im Sinne des Erfinders dieser »schönsten Zeit des Jahres«!
Verbringt Zeit zusammen, um Geschenke zu basteln!
Kauft nur ein Geschenk weniger und überlegt euch zusammen ein sinnvolles Spendenziel!
Lest zusammen das Gebet der Maria (Jubilate) in Lukas 1, 46–55 und sprecht darüber, wie diese Worte sowohl auf die Unterdrückten als auch auf die Unterdrücker gewirkt haben müssen!
Plant eine Weihnachtsaktion, wie »Krippenspiel im Alten-heim«, »Weihnachtsfeier für Obdachlose«, »Weihnachtslieder-singen in der City oder einem Heim« …

ATTACKE # 49:

ST. NIKOLAUS

Die Idee:

Sankt Nikolaus war ein Mann, der es verstand, gute Liebesattacken durchzuführen. Ein großes Vorbild, von dem wir Amateure einiges lernen können!

Weil St. Nick es nicht mit ansehen konnte, wie viele Menschen in seinem Ort hungrig ins Bett gingen, entschied er sich, aktiv zu werden. Da schlich er also nachts um die Häuser, um armen Kindern etwas Gutes in die Schuhe zu legen. Die Aktion ist heutzutage natürlich etwas verwässert, und es trifft nicht ganz den Sinn des Erfinders, wenn Eltern übergewichtigen Kindern Marzipanbrote in die sorgfältig geputzten Stiefel packen. Und trotzdem macht die Sitte Spaß und kann für viel Freude bei den Schenkenden und den Beschenkten sorgen!

Ich weiß noch aus unserer Zeit in Kanada, wie unsere Kinder immer heiß beneidet wurden, wenn sie strahlend in ihre Schule kamen und vom Nikolaus erzählten. Die Kanadier sind nämlich »Ungläubige«, die St. Nick nicht feiern und nur darauf warten, dass Santa Claus ihnen am 25. etwas in die Socke packt. Es lebe St. Nikolaus!

Die Attacke:

Macht einmal im Jahr auf St. Nikolaus und überfallt irgendeine Einrichtung, die euch am Herzen liegt, mit kleinen Nikolaustüten. Das könnte ein Studentenwohnheim, ein Altersheim, einfach eine befreundete Familie oder die Kinderabteilung in einem Krankenhaus sein.

Tipp:

a) Bei dieser Aktion ist es angebracht, einen Verantwortlichen der Einrichtung um Erlaubnis zu fragen!

b) Wenn ihr wirklich im Geiste von Nick handeln wollt, sammelt etwas Geld und überrascht jemanden, der das gerade richtig gut gebrauchen kann. Um die Ehre dieser Person zu achten, würde ich in dem Fall darauf verzichten zu sagen, wer es war. Manchmal reicht eine Karte: »Ich bin mir sicher, du kannst das gerade gebrauchen. Alles Liebe, Gott!«

ATTACKE # 50:

»WEIHNACHTSDATE«

Die Idee:

Als Gott sich ausgedacht hat, was wir Menschen am meisten brauchen, hätte er uns einen iPod schenken können oder einen neuen Fernseher oder ein umweltfreundliches Auto. Hat er aber nicht; sein Geschenk war eine Beziehung mit sich selber.

Das Paradoxe ist, dass gerade wir Eltern jedes Jahr zu Weihnachten mit Geschenken zu kompensieren versuchen, was wir das ganze Jahr über an Zeit für Beziehungen mit unseren Kindern verpasst haben. Frei nach der Formel: »Wenig Zeit = schlechtes Gewissen = teures Weihnachtsgeschenk!«

Das entspricht so gar nicht der originalen Weihnachtsidee, von dem Gott, der diesen Planeten besucht hat, um »mit uns« zu sein.

Dabei kam mir dann irgendwann die Idee, Jesus nachzuahmen und mich und meine Zeit zu verschenken. Also kriegen meine Frau, Kinder und einige gute Freunde jedes Jahr ein Date mit mir geschenkt. Was allerdings auch nur dann gut ankommt, wenn ich nicht das ganze Jahr über ein »blöder« Papa, Ehemann oder Freund gewesen bin.

Die Attacke:

Beziehungsgeschenke oder Dates schenken!

Hier ein paar Ideen:

- Kaufe zwei Konzert-, Theater- oder Kinokarten!
- Schenke einen Tag im Zoo!
- Geht zusammen zu einem Fußballspiel!
- Lade dein »Date« zum Bowlen, Billard, ins Schwimmbad usw. ein!
- Lade deinen Freund in sein Lieblingsrestaurant ein! Und bezahle!
- Frag nach, wie der perfekte Tag deines Freundes aussehen würde, und versuche, diesen Tag möglichst genau zu inszenieren!
- Lade zum gemeinsamen Kochen, Cocktailmachen usw. ein!

`ATTACKE # 51:`

»HAT NICHT EINER BOCK ZU HELFEN?«

Die Idee:

Vor etlichen Jahren saß ich in meiner Lieblingskneipe, die ein besonders maritimes Ambiente hat, weil man von der Veranda aus direkt auf den Pazifik schauen kann.

Als wir da also sitzen und unser Bier genießen, kommt ein japanischer Tourist mit einem unglaublich teuren, offensichtlich gemieteten Boot angefahren. Die ganze Familie trägt Designerklamotten, alles sieht hervorragend aus, nur leider hat der gute Mann absolut keine Ahnung, wie man das teure Boot wieder auf den Bootsanhänger fährt.

Das trägt natürlich zur allgemeinen Belustigung der Bier trinkenden Versammlung bei, die fast allesamt Fischer oder zumindest Hobby-Bootsfahrer sind. Für die nächste halbe Stunde werden uns dann beste Unterhaltung und Schadenfreude zum Bier serviert.

Jetzt kann ich es ja zugeben: Ich hätte das Boot auch nicht auf den Hänger fahren können. Ich hab die Show auch genossen und ich war nicht die eine Stimme, die nach geschlagenen 30 Minuten rief: »Hat nicht mal einer Bock, dem armen Kerl zu helfen?«

Unter großem Applaus von der Tribüne sind dann zwei Fischer runtergelaufen und hatten das Boot in knapp fünf Minuten auf dem Anhänger. Die Show war irgendwie mit »Happy End« vorbei.

Die Attacke:

Gewöhne dir an, die Stimme zu sein, die ruft: »Hat nicht einer Bock zu helfen?«

ATTACKE # 52:

NACHHALTIG FREIWILLIG MELDEN

Die Idee:

Wir sind eine Generation, die sich schwer verpflichten kann! Dafür gibt es viele Gründe. Das ist an sich nichts Schlimmes! Wir unternehmen kurzzeitige Mission Trips, geben spontan Geld für Dinge, von denen wir wirklich glauben, dass sie einen Unterschied machen, wir wissen wesentlich besser Bescheid über die Missstände auf dieser Welt und das berührt uns, wahrscheinlich mehr als jede Generation vor uns!

Kurzfristige Aktionen, die etwas verändern und spontan, ohne viel Organisation, geplant werden können – so wie die letzten 51 Attacken – liegen uns.

Trotzdem … Es gibt viele Dinge, die nur mit langem Atem, mit ganz viel Nachhaltigkeit wirklich Veränderung bringen. Beziehungen und richtige Lebensveränderung brauchen einfach Zeit und ganz viel Ausdauer, und das ist nicht immer leicht.

Ich war das letzte Mal vor zwei Jahren auf einem Mission Trip nach Uganda. Seitdem gab es Katastrophen in Haiti, Pakistan, Japan. Die Liste ist ellenlang. Da sind alle möglichen Hilferufe,

und die Versuchung ist groß, ständig neue Projekte anzufangen und alte Zelte abzubrechen.

Sind wir einmal ganz ehrlich: »Neu und frisch« hat meistens wesentlich mehr Sex-Appeal als »nachhaltig und ausdauernd«!

Hier ist die Idee: Liebesattacken sind immer nur ein Sprungbrett, wo man Dienen ausprobieren kann. Die Frage ist, ob du dich irgendwann langfristig engagieren wirst!

Die Attacke:

Finde heraus, was »dein Ding« ist, und dann engagiere dich dort! Regelmäßig! Frage die Leiter, ob du eine Weile helfen kannst, um zu checken, ob die Arbeit etwas für dich ist, und dann »verpflichte dich« (ein böses Wort), dort langfristig mitzuarbeiten.

Möglichkeiten gibt es genug: Pfadfinderarbeit, Leitung von Kinder- und Jugendgruppen, soziale Einrichtungen, Umweltschutzorganisationen, Adoption einer Familie oder einer Person, der du langfristig helfen möchtest, usw.

NACHWORT:

EINE KLEINE GESCHICHTE ÜBER DEN URSPRUNG DER LIEBESATTACKEN

a) Das Alte Testament in knapp fünf Minuten

Vielleicht hilft diese Zusammenfassung der 39 Bücher des Alten Testaments mit der Erklärung, warum Taten so wichtig sind.

Die Schöpfung

Es fing alles so gut an: Gott macht alles und er macht alles gut.

Die Rebellion

Der Mensch, ein ganz wichtiger Teil der Schöpfung, denkt, er wäre ein besserer Gott als Gott und rebelliert gegen das einzige Gesetz, das Gott ihm gegeben hat. Danach geht für uns Menschen so ziemlich alles schief. Es ist auch problematisch, wenn sich auf einmal Hunderte und Tausende von Menschgöttern bekriegen!

Gott hat einen Plan

Weil Gott uns Menschen liebt, steht er voll auf »freien Willen«. Das heißt, dass er keine Rebellen zu ihrem Glück und zur Rückkehr in eine Beziehung mit ihm zwingt. Er hat einen anderen Plan und er führt ihn aus. »Ich suche mir ein Volk, durch das ich alle Nationen zu mir zurückliebe. Dieses Volk wird ein Licht sein für diese Welt und anderen Völkern vorleben, wie gut es sein kann, mit mir zu leben.«

Ägypten

Die Geschichte des Volkes Israel hat einen schwierigen Anfang. Sie leben gar nicht so schlecht in Ägypten, als ein eifersüchtiger Pharao sich entscheidet, das Volk zu unterdrücken und zu versklaven, damit sie nicht zu mächtig und gefährlich werden und damit die eigene ägyptische Dynastie gefährden.

Das versklavte Israel fleht zu seinem Gott: »Schick uns einen Anführer, der uns hier herausholt und in das Land führt, das du uns versprochen hast!« Gott schickt bzw. überredet Moses, und 40 Jahre später befindet sich Israel im Gelobten Land, was cool gewesen sein muss, weil dort angeblich Milch und Honig geflossen sind.

Living the sweet life in the Promised Land

Gott ist gut zu seinem Volk, und Israel genießt das Leben. Für eine Weile ist es der »Himmel auf Erden«. Aber immer wieder »nervt« Gott mit diesem Satz, den du nicht hören willst, wenn alles so richtig kuschelig ist: »Vergesst es niemals! Ihr wart Sklaven, ihr wart die Unterdrückten. Ich alleine habe euch befreit, als ihr euch selber nicht helfen konntet. Jetzt seid ihr dran. Helft denen, die sich selber nicht helfen können. Wenn einer verstehen kann, dann ihr. Vergesst es nie!«

Israel wird Ägypten

Israel vergisst! Ein paar Hundert Jahre gehen ins Land. Immer noch geht es aufwärts, und als man merkt, dass all die anderen »coolen« Nationen, die noch größer und erfolgreicher sind, auch einen haben, holt man sich, gegen Gottes guten Rat, den ersten König: Saul. Dann folgen David und Salomo. Unter dem weisen Salomo wird ein Tempel zur Ehre Gottes gebaut. Und rate mal, wer für dieses Gotteshaus die Drecksarbeit macht? Sklaven.

Wenn es dir gut geht, ist es wichtig, diesen Standard zu halten, und das geht anscheinend nur, wenn man dafür Schwächere sucht und ausbeutet.

»Vergesst es niemals! Ihr wart Sklaven, ihr wart die Unterdrückten. Ich alleine habe euch befreit, als ihr euch selber nicht helfen konntet. Jetzt seid ihr dran. Helft denen, die sich selber nicht helfen können. Wenn einer verstehen kann, dann ihr. Vergesst es nie!«

In nur ein paar Hundert Jahren wird aus der Nation, die Gott aus Ägypten befreit hat, ein neues Ägypten, dass die Schwachen, die Armen unterdrückt, weil man doch gerne seinen

Komfort, an den man sich gewöhnt hat, behalten will. Es ist schon spannend, wie sich Geschichte immer wieder wiederholt. Auf jeden Fall ist Israel nun zu dem geworden, vor dem Gott sein Volk einst gerettet hat.

Laute, nervige Propheten

Danach geht es wirklich nur noch nach unten für die Israeliten. Meistens schlechte Könige, verlorene Kriege, viele sterben, viele sind unterdrückt, viele leben im Exil. Und immer wieder schickt Gott Propheten mit der wichtigen Nachricht: »Ihr seid das Licht der Welt! Durch euer Leben will ich die Nationen retten. Durch euch will ich zeigen, wie ich mir diese Welt vorgestellt habe. Kehrt um. Kümmert euch um die Schwachen, die Armen, die Unterdrückten! Helft allen Menschen zu mir zurückzufinden! Kehrt um!«

Gott hält den Mund

Weil sein Volk nicht hört, hat Gott irgendwann die Faxen dicke, hört auf, Propheten zu schicken, die doch nur auf taube Ohren stoßen, und sagt gar nichts mehr!

Durch den Propheten Maleachi staucht er die religiösen Anführer seines Volkes noch einmal zusammen: »Eure Art von Religion, eure Art zu leben, hält Menschen, die ich liebe, fern von mir!« (Die Originalversion ist nicht ganz so nett!) Und dann hält Gott den Mund.

430 Jahre lang …

Und 430 Jahre lang gibt es nur noch »Einbahnstraßengebete«. Die Israeliten reden, flehen: »Hol uns hier wieder raus! Schick uns einen neuen Mose!« Und 430 Jahre lang kommt immer nur die gleiche Antwort von Gott: Totenstille.

b) Die Botschaft des neuen Mose

Als Jesus diesen Planeten betrat, bestimmte ein Thema die Diskussionen seiner Landsleute: »Was können wir tun, damit der Messias, der Gottessohn, die Unterdrücker, die unser Leben zur Hölle machen, endlich zerstört und hier für Ordnung sorgt?«

Jesus unerwartete Antwort, wie man das Leben wieder lebenswert machen könne, kam überraschenderweise absolut gewaltfrei. Wenn ihr euch endlich entschließt, dieser Welt so zu dienen, wie Gott es euch ständig vorgemacht hat …

»Ihr seid wie ein Kühlschrank für diese Welt. Ohne euch würde alles Gute vergammeln. Wenn dieser Kühlschrank aber nicht mehr funktioniert, gehört er auf den Schrott, wo er verrotten soll. Auch sehe ich euch wie einen 1000-Watt-Halogenstrahler, der es hell macht in der Welt. Wenn eine Stadt oben auf einem Berg liegt, kann man ihre Beleuchtung nachts ja auch kilometerweit sehen. Wenn du dir eine Lampe für dein Zimmer besorgst und sie nachts anmachst, dann stellst du sie doch auch nicht unters Bett. Ganz im Gegenteil, du hängst sie oben irgendwo auf, damit es im ganzen Zimmer hell wird. Genauso soll auch euer Licht für alle Welt sichtbar sein. So wie ihr lebt und an eurer Einstellung, daran sollen sie euren Papa im Himmel erkennen und von ihm begeistert sein.«

(MATTHÄUS 5,13-16, VOLXBIBEL)

In diesem Sinne: Viel Spaß beim Salzen, beim Licht in die Dunkelheit bringen, beim Lieben, damit diese Welt zu dem wird, was Gott sich erträumt hat, und damit immer mehr Menschen sehen, schmecken und verstehen, was passieren kann, wenn man diesen begeisternden Papa im Himmel kennt.

Die besten Ideen hast du selber!

Ideen, wie man die Welt ein bisschen schöner macht, müssen geteilt werden. Ich möchte euch einladen, Ideen und Geschichten über das, was ihr selber ausprobiert habt, was geklappt hat und was nicht, aufzuschreiben und mir zu schicken!

www.untenwieoben.de

THINK IT OVER:
DAS GEMÜSEBEET UND
DER FIESE NACHBAR

Um seine Familie mit Nahrung zu versorgen, pflanzte ein Mann im Frühling all die Dinge, die seine Frau und Kinder so gerne hatten: Karotten, Zuckererbsen, Gartenkräuter, Beeren, sogar Getreide wurde liebevoll ausgesät. Die Kinder waren so begeistert, dass sie in Gedanken schon den Speiseplan mit all den Gerichten zusammenstellten, die sie nach der Ernte gemeinsam genießen würden.

Manche Menschen können es einfach nicht ertragen, wenn andere sich freuen, und leider hatte auch diese Familie so einen feindlichen Nachbarn, den die Freude der Kinder immer neidischer machte, und er fasste einen gemeinen Plan.

Mitten in der Nacht, als seine Nachbarn tief und fest schliefen, kletterte er über den Zaun, trampelte ungestüm durch den Garten und säte, wo er nur konnte, Unkraut.

Nur kurze Zeit später, als die ersten Pflänzchen sprossen, fanden die Kinder zu ihrem Entsetzen eben nicht nur Essbares, sondern überall auch Unkraut. Als sie das weinend ihren Eltern berichteten, hatten sie auch schon einen Plan gefasst. »Wir kriegen das wieder hin. Wir können unser Essen noch retten.

Wir werden all das Unkraut einzeln rausreißen, und dann wird unser Garten wieder schön sein!«

»Keine so gute Idee!«, überlegte der Vater. »Die Gefahr ist viel zu groß, dass wir auch unsere kleinen Pflanzen mit zerstören. Lasst uns einfach geduldig warten, bis es Zeit ist zum Ernten; dann ist es Zeit, das Unkraut rauszureißen. Wir machen dann ein großes Feuer damit, und dann wird geerntet und gegessen!«

Vor ein paar Monaten fand ich mich in einem pastoralen »Verhör« wieder. Die Frage war legitim, aber sie klang fast nach einer Anschuldigung. »In eurer Gemeinde redet ihr ständig von Aktionen, um an einer besseren Welt zu arbeiten. Glaubt ihr denn wirklich, allen Ernstes, dass das passieren kann?«

Glaub ich das? Jesus' Idee von einer neuen Welt durch Liebe, Gnade, Opferbereitschaft hört sich zunächst gut an und mag inspirierend sein. Aber wer ab und zu mal die Zeitung liest oder Nachrichten schaut, merkt schnell: »Alles nur Utopie!« Die Welt scheint eher schlechter zu werden als besser. Und sehr schnell kann man sich demotivieren lassen: »Gutes tun bringt sowieso nichts. Für jede gute Aktion gibt es drei Umweltkatastrophen, Kriege und Terror, und jemand wird reicher auf Kosten eines Kleinen.«

»Stimmt!«, würde der Erzähler des Originals dieses Gleichnisses sagen (Matthäus 13, 24–30). »Es gibt unglaublich viel Unkraut auf dieser Welt. Aber es wird eines Tages eine Ernte geben. Dann wird das Unkraut verbrannt, und übrig bleiben all die guten Taten, jedes freundliche Wort, jede Aktion, die dem Wohl deiner Mitmenschen gedient hat. Und dann wird diese Welt endlich den Himmel erleben, nach dem wir uns so sehr sehnen.«

Wer wäre bei der Ernte nicht gern dabei?

Alles außer gewöhnlich

Thomas Klappstein (Hrsg.)
Nicht alltäglich
182 ½ Andachten für Aufrichtige
Paperback, 320 Seiten
ISBN 978-3-86506-329-8

„Nicht alltäglich" - ein Andachtsbuch
für jeden zweiten Tag des Jahres,
ein „Andachtsbuch für Aufrichtige",
sozusagen – herausfordernd,
bewegend und zutiefst ehrlich.

Den Herzschlag spüren

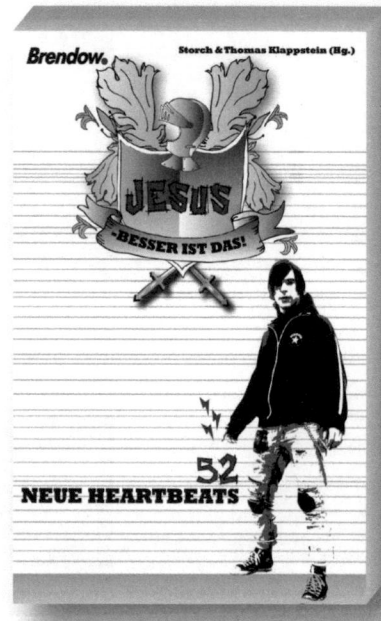

Thomas Klappstein & Carsten
„Storch" Schmelzer (Hg.)

Jesus – besser ist das!

52 neue Heartbeats
Paperback, 144 Seiten
ISBN 978-3-86506-359-5

52 brandneue Andachten von
Autorinnen und Autorinnen, die
unkonventionell und authentisch
über ihren Glauben schreiben –
aus dem eigenen Leben direkt aufs
Papier, ungewöhnlich offen und
erfrischend anders.

Brendow.
VERLAG + MEDIEN